四川省哲学社会科学研究"十二五"规划外语专项
（批准号：SC13WY09）

西南民族大学优秀科研团队及重大孵化项目
"英语世界中国少数民族文学的译介与研究"
（项目编号：13SZD04）

四川省哲学社会科学研究"十二五"规划外语专项

少数民族典籍
"走出去"
战略规划研究

魏清光
·著·

中国社会科学出版社

图书在版编目(CIP)数据

少数民族典籍"走出去"战略规划研究/魏清光著. —北京:中国社会科学出版社,2016.1
ISBN 978 - 7 - 5161 - 6642 - 0

Ⅰ.①少…　Ⅱ.①魏…　Ⅲ.①少数民族—古籍—中外关系—文化交流—战略—研究—中国　Ⅳ.①G125

中国版本图书馆 CIP 数据核字(2015)第 167012 号

出 版 人	赵剑英
责任编辑	郭晓鸿
特约编辑	王冬梅
责任校对	闫 萃
责任印制	戴 宽

出　　版	中国社会科学出版社
社　　址	北京鼓楼西大街甲 158 号
邮　　编	100720
网　　址	http://www.csspw.cn
发 行 部	010 - 84083685
门 市 部	010 - 84029450
经　　销	新华书店及其他书店

印　　刷	北京君升印刷有限公司
装　　订	廊坊市广阳区广增装订厂
版　　次	2016 年 1 月第 1 版
印　　次	2016 年 1 月第 1 次印刷

开　　本	710×1000　1/16
印　　张	14.25
插　　页	2
字　　数	218 千字
定　　价	56.00 元

目 录

引　论

何为"典籍"？似乎尚无一个确切的答案。《现代汉语词典》将"典籍"解释为"记载古代法制的图书，也泛指古代图书"。前者含义狭窄。不论古今，"典籍"不仅仅指"法制图书"，如《孟子·告子篇下》："天子之地方千里；不千里，不足以待诸侯。诸侯之地方百里；不百里，不足以守宗庙之典籍。"这里的"典籍"指国家重要的文献。我们现在经常看到或听到的诸如"医学典籍、佛教典籍"等，也皆与"法制"无关。后者又过于宽泛。古代留存下来的宣扬封建迷信内容的图书则不能归为"典籍"。我们认为，典籍具有以下几个特点：典范性、累积性、历史性。不同类型的典籍，均为同时期共存的同类型文献的杰出代表。典籍主要是对劳动人民生活经验和生活智慧的总结，往往是几代人，甚至十几代人孜孜以求的成果。一部文献要成为典籍，需经大浪淘沙和时间的检验，具有一定的历史性。因此，典籍为历史上累积传承下来的、记载劳动人民生活智慧的语言符号汇集，熔铸了一个民族的人生观、是非观、价值观。典籍是民族文化身份的凭证，是一个民族满怀自信走向未来的牢固根基。典籍比一般文献更具文化价值，典籍有助于文化的继承和传播。我国有些少数民族没有自己的文字，但有口口相传的语言。因此，对民族传统文化的记载和传承，除了文字之外，还有世代相传的口传语篇。本书所讨论的

"少数民族典籍",是指以书面或口头形式传承的、记录少数民族优秀传统文化的语篇。

中华文化是各民族文化之集大成。少数民族典籍是中华优秀传统文化的有机组成部分。可以说,现在我国在经济上、在国际政治上,已经从一个区域性的国家变成一个全球性的国家,但我国的文化竞争力还较弱。"在1990—2005年期间,中国文化竞争力指数从23到22,略有下降;世界排名从第22位到第24位,下降了2位。"① 在经济全球化时代,国家之间的竞争已经由军事、经济领域的"硬实力"领域扩展到了文化等"软实力"领域,文化力对提升国家综合实力意义重大。文化最重要的载体就是典籍。将少数民族典籍译为外文推向世界,是中华文化"走出去"的重要组成部分,是一个大国崛起的重要支撑。

少数民族典籍"走出去",易于为外国受众所接受。因为,少数民族典籍不是抽象的概念式话语,而是具有口传性的特点,寓教于乐,叙事性较强。文化学者余秋雨曾一针见血地指出人们对中华文化"走出去"的错误认识:"有些人喜欢用一大堆朗朗上口的成语、古话、形容词、排比句来描述中国文化和中国精神,其中不少概念翻译成外语后,很难让外国人明白其中的内涵和外延,变成一种捉摸不透的'语言流'和'概念团',成了文化交流的又一个障碍。"② 少数民族典籍的说教性不是那么强,输出到国外容易为国外读者所认可和接受。中华文化只有真正走进输出国,在输出国扎根,才能实现我们的战略目标。

少数民族典籍全方位"走出去",具有多重战略意义和价值。第一,将少数民族典籍中所包含的"和为贵""和谐""和睦""和合""中庸"等理念准确地向外传达,让外国读者了解中国"和"文化的真正含义,有利于外部世界正确理解中国崛起和中国战略的意图。第二,"多维厚重的中华人文精神超越了单维度、平面化的西方启蒙理性与功利主义,对人类的生存发展有着深远长久的价值,对西方近代文化的缺

---

① 中国现代化战略研究课题组、中国科学院中国现代化研究中心:《中国现代化报告2009——文化现代化研究》,北京大学出版社2009年版,第277页。
② 余秋雨:《文化输出需要感性形象》,《人民日报》2006年10月16日第11版。

失有补偏救弊之功"①。第三，可以对外展示多元中华文化的魅力，提升国家形象，增强民族凝聚力、自信心，维护民族团结和边疆稳定，增强中国文化的国际影响力和竞争力。第四，少数民族典籍"走出去"，也是少数民族文化自身发展的需要。跨文化交流的一个重要功能即重新认识自己，让中国少数民族文化在国际秩序中通过检证而看清自己，是中国少数民族文化建设的一次重要机遇。

---

① 郭齐勇：《中华优秀传统文化是社会主义核心价值观的土壤与基础》，《光明日报》2014 年 4 月 2 日第 13 版。

第一章

少数民族典籍"走出去":机遇与现状

经济全球化和社会信息化的发展大大推动了国际经济交流。文化的发展与经济的发展尽管有相对独立性,但文化与经济不是截然分开的,国际经济交流发展的同时带动了国际文化交流的频繁往来。西方经济大国凭借其经济、科技的强势地位,推行文化霸权。文化力在国际综合国力竞争中的地位和作用越来越突出。国际形势的新变化加重了我国文化事业与时俱进的历史责任。中华文化面对西方大国的文化战略,必须积极应对,提高自身的竞争力,实施文化"走出去"战略。只有不断提高"走出去"的能力和实力,才能回应日益激烈的国际文化软实力竞争所提出的严峻挑战,才能在西方文化的冲击下固守自己的根基和立场,才能在世界文化舞台上占有一席之地,才能在与世界其他民族文化的交流与碰撞中保持生机和活力。

第一节 历史机遇:文化"走出去"顶层设计

推动中华文化走向世界,是不断增强我国文化软实力和国际竞争力,提升我国综合国力的必然要求。进入 21 世纪以来,我国开始从国家层面上实施文化"走出去"战略。

2002 年 7 月，时任文化部部长孙家正在全国文化厅局长座谈会上首次指出："要以更加开放的姿态融入国际社会，进一步扩大对外文化交流，实施'走出去'战略，着力宣传当代中国改革和建设的伟大成就，大力传播当代中国文化，以打入国际主流社会和主流媒体为主，充分利用市场经济手段和现代传播方式，树立当代中国的崭新形象，把我国建设成为立足亚太、面向全球的国际文化中心。"孙家正主要是从对外宣传我国改革开放以来所取得的成就的角度提出的文化"走出去"战略，服务于树立国家新形象。

2002 年 11 月，党的十六大报告以更加开放的视野思考"走出去"战略与我国对外开放的关系："实施'走出去'战略是对外开放新阶段的重大举措。"文化战略正式作为国家"走出去"战略的重要组成部分提出来。十六大报告还强调了文化对于增强国家综合国力的重要意义："当今世界，文化与经济和政治相互交融，在综合国力竞争中的地位和作用越来越突出。文化的力量，深深熔铸在民族的生命力、创造力和凝聚力之中。全党同志要深刻认识文化建设的战略意义，推动社会主义文化的发展繁荣。"并指明了文化建设的方向："立足于改革开放和现代化建设的实践，着眼于世界文化发展的前沿，发扬民族文化的优秀传统，汲取世界各民族的长处，在内容和形式上积极创新，不断增强中国特色社会主义文化的吸引力和感召力。"

2004 年 9 月，党的十六届四中全会通过的《中共中央关于加强党的执政能力建设的决定》提出："推动中华文化更好地走向世界，提高国际影响力。"对中国文化"走出去"的认识，由"增强中国特色社会主义文化的吸引力和影响力"提升到了"提高中华文化的国际影响力"的战略高度。

2005 年 10 月，党的十六届五中全会指出："社会主义先进文化建设要加快实施文化产品'走出去'战略，推动中华文化走向世界。"在此次会议上通过的《关于制定国民经济和社会发展第十一个五年规划的建议》中再次强调："积极开拓国际文化市场，推动中华文化走向世界。"至此，对文化"走出去"的认识更加清晰,开始将发展文化产业纳入国家战略视野中,明确规划了中华文化"走出去"的形态,即以文化产品的形式、文化产业的规模、通过市场运作来推动中华文化走向世界。

2006年9月,《国家"十一五"时期文化发展规划纲要》提出了创新中华文化"走出去"模式的构想:"抓好文化'走出去'重大工程、项目的实施,充分利用国际国内两个市场、两种资源,主动参与国际合作和竞争,加强对外文化交流,扩大对外文化贸易,拓展文化发展空间,初步改变我国文化产品贸易逆差较大的被动局面,形成以民族文化为主体、吸收外来有益文化、推动中华文化走向世界的文化开放格局。"在文化"走出去"形式方面,指出:"充分利用各种资源,创新文化'走出去'的形式和手段,吸收借鉴世界各国优秀文化成果,提升我国文化产品的影响力和竞争力,积极推动中华文化面向世界、走向世界"。同时,文化部出台《文化建设"十一五"规划》,提出:"实施中华文化'走出去'战略","充分利用国际国内两种资源、两个市场,扩大对外文化交流,不断增强中华文化的国际影响力。"

2007年10月,党的十七大报告对文化建设提出了新的更高要求和规划:"加强文化建设,明显提高全民族文明素质。社会主义核心价值体系深入人心,良好思想道德风尚进一步弘扬。覆盖全社会的公共文化服务体系基本建立,文化产业占国民经济比重明显提高、国际竞争力显著增强,适应人民需要的文化产品更加丰富。"国家赋予文化产业的地位和使命越来越重要,文化产业代表先进生产力,承担着提升中华文化国际竞争力的历史性使命。

面对"文化产业规模不大、结构不合理,束缚文化生产力发展的体制机制问题尚未根本解决;文化走出去较为薄弱"等现实问题,2011年10月,党的十七届六中全会《关于深化文化体制改革推动社会主义文化大发展大繁荣若干重大问题的决定》突出强调了推动中华文化走向世界的重要意义,指出:"实施文化走出去工程,完善支持文化产品和服务走出去政策措施,支持重点主流媒体在海外设立分支机构,培育一批具有国际竞争力的外向型文化企业和中介机构,完善译制、推介、咨询等方面扶持机制，开拓国际文化市场。"

2012 年 2 月，《国家"十二五"时期文化改革发展规划纲要》从"文化体制机制创新"方面提出了新的指导方针："以改革促发展、促繁荣，不断解放和发展文化生产力，提高文化开放水平，推动中华文化走向世界，积极吸收各国优秀文明成果，切实维护国家文化安全。"并明确了"十二五"时期加强对外文化交流与合作的重点："资助翻译、出版推介中华经典和文化精品，促进电影、电视剧、动画片、纪录片、出版物、演艺等创作和海外传播，加快实施中国电影全球推广、中国图书对外推广、中国文化著作翻译出版、经典中国国际出版等项计划。"

文化是民族的血脉，是人民的精神家园。当今世界，文化地位和作用更加凸显，越来越成为民族凝聚力和创造力的重要源泉、越来越成为综合国力竞争的重要因素。2012 年 11 月，党的十八大站在时代的制高点、以历史的宽广视野，把对民族文化的认知提高到了"文化强国"的战略高度，把"中华文化走出去迈出更大步伐"作为全面建成小康社会的重要目标之一，明确把"中华文化国际影响力不断增强"作为建设社会主义文化强国要开创的五个局面之一。

2013 年 11 月，党的十八届三中全会通过的《中共中央关于全面深化改革若干重大问题的决定》中对"推动中华文化走向世界"提出了更明确的要求和方向："加强国际传播能力和对外话语体系建设"，"培育外向型文化企业，支持文化企业到境外开拓市场。"这标志着我国已进入文化发展的新时代。

少数民族文化是中华文化的有机组成部分。除了面向中华文化"走出去"的上述顶层设计之外，我国还对少数民族文化保护与发展、少数民族文化产业、少数民族文化"走出去"制订了倾斜性的政策规划。

党的十六大对扶持民族文化的发展作出了专门规划："扶持体现民族特色和国家水准的重大文化项目和艺术院团，扶持对重要文化遗产和优秀民间艺术的保护工作，扶持老少边穷地区和中西部地区的文化发展。"中西部，尤其是西部地区正是我国少数民族聚居较集中的地区。

2003 年 1 月，国家民委、国家发展改革委、财政部、中国人民银行、国务院扶贫办联合编制了《扶持人口较少民族发展规划（2005—2010年)》。此次扶持规划惠及人口在 10 万人以下的 22 个少数民族，总人口 63 万人（2000 年第五次全国人口普查数)，统称人口较少民族。这些民族的经济和社会发展总体水平还比较落后，贫困问题仍较突出。该规划针对少数民族文化提出："抢救和保护人口较少民族的濒危文化遗产，发展少数民族文化。"

《国家"十一五"时期文化发展规划纲要》对少数民族文学、传统文化典籍的传承进行了规划："做好格萨尔、江格尔、玛纳斯等古典民族史诗的整理出版和优秀少数民族文学作品的翻译出版工作。充分发挥高等学校和学术机构整理、研究和编纂传统文化典籍的作用。"

《文化部文化建设"十一五"规划》对少数民族非物质文化遗产的保护提出了指导性规划意见："加大对少数民族题材艺术精品的扶持。加强对民间文学、民俗文化、民间音乐舞蹈、少数民族史诗等若干非物质文化遗产项目的抢救。"

2007 年 2 月，作为全面建设小康社会的重要内容，国务院颁布了《少数民族事业"十一五"规划》，把加快发展少数民族事业摆到了更加重要的位置，其中对少数民族典籍的规划内容为："加强少数民族古籍、文物和珍贵实物资料的抢救保护。"

党的十七大对民族文化典籍的保护也作出了重要指示："加强对各民族文化的挖掘和保护，重视文物和非物质文化遗产保护，做好文化典籍整理工作。"

为全面贯彻党的十七大精神，进一步繁荣少数民族文化事业，推动社会主义文化大发展大繁荣，促进各民族共同团结奋斗、共同繁荣发展，2009 年 7 月，国务院专门召开了全国少数民族文化工作会议，发布了《国务院关于进一步繁荣发展少数民族文化事业的若干意见》，对少数民族典籍整理、翻译和少数民族文化对外交流提出如下意见："扶持少数民族古籍抢救、搜集、保管、整理、翻译、出版和研究工作，逐步实现少数民族古籍的科学管理和有效保护。打造一批少数民族文化对外交流精品，巩固少数民族文化对外交流已有品牌，进一步提升少数民族文化国际影响力。"

2011 年 6 月，国家民委、国家发展改革委、财政部、中国人民银行和国务院扶贫办联合编制了《扶持人口较少民族发展规划（2011—2015年)》，此次规划界定的"人口较少民族"为全国总人口在 30 万人以下的28 个民族。规划指出："优先支持人口较少民族对外文化交流。扶持文献古籍、口头传承古籍的保护、抢救、搜集、整理、翻译、出版和研究工作，培养建立古籍专业人才队伍，加强人口较少民族口头传承古籍及濒危语言的抢救和保护工作。"

党的十七届六中全会《关于深化文化体制改革推动社会主义文化大发展大繁荣若干重大问题的决定》对繁荣发展少数民族文化事业，加强对外文化交流作出规划："开展少数民族特色文化保护工作，加强少数民族语言文字党报党刊、广播影视节目、出版物等译制播出出版。"

《国家"十二五"时期文化改革发展规划纲要》更加具体地提出了加强少数民族文化对外交流的途径和举措："建设少数民族语言翻译出版基地，扶持少数民族文化产品译制和出版、播出。"

2012 年 7 月，国务院《少数民族事业"十二五"规划》则强调了少数民族文化参与中华文化"走出去"中的历史责任和使命："扩大少数民族文化对外交流与合作，打造一批少数民族文化对外交流精品，发挥少数民族文化在扩大中华文化国际影响力中的重要作用。"对推动少数民族文化对外交流作出了具体规划："提高优秀国家通用语言文字、外文出版物和优秀少数民族文字出版物双向翻译出版的数量和质量。"对加强少数民族典籍保护工作作出具体部署："加强少数民族古籍保护、抢救、搜集、整理、翻译、出版和研究等工作。继续实施西藏、新疆等地少数民族古籍保护专项工作。"

为推进社会主义文化强国建设，党的十八大提出"繁荣发展少数民族文化事业"的战略部署。

这些方针、政策是我国根据复杂的国内外形势和发展格局变化，审时度势，对中华文化"走出去"作出的顶层设计。中华文化"走出去"，是我国在全球文化竞争日益激烈的时代背景下，为强化民族文化认同、增强民族凝聚力和建构国家形象,而主动实施的具有战略意义的国家行为。作为中华文化的有机组成部分,在顶层设计的引导下,少数民族典籍"走出去"的效果如何?还存在哪些问题和不足?在下一节,我们将结合具体数据加以分析、探讨。

第二节　少数民族典籍"走出去"现状

如果一个国家拥有实力强大、竞争力强、出口额高的文化产品,就能够通过文化产品向全世界输出自己的价值观,就可以发布有利于自己的文化信息,塑造自己良好的文化形象。文化产品通过消费者的选择使用而达到文化竞争力的实现。"版权贸易的顺差和逆差,实际上反映了一个国家和地区文化产业竞争力的强弱,是一个国家和地区以文化为核心的国家'软实力'的集中表现。因此,以版权产业为核心的文化产业将成为文化产业发展的主流和文化产业综合竞争力强弱的战略性标志。"[1] 目前,我国文化产业仍较薄弱,竞争力不强,"走出去"还主要靠政府资助。

从 2004 年起,国务院新闻办公室推出"中国图书对外推广计划",向国外出版机构资助出版中国图书翻译费,鼓励各国出版机构翻译出版中国图书。2009 年国务院新闻办公室又推出"中国图书对外推广计划"的加强版——"中国文化著作翻译出版工程",以资助文化、文学、科技、国情等领域系列作品为主,不仅可以资助翻译费用,还可申请资助出版及推广费用。同年,新闻出版总署又推出"经典中国国际出版工程",面向国内出版社采用项目管理方式资助外向型优秀图书选题的出版和翻译,重点资助反映中国传统经典文化和当代中国社会科学、自然科学、文学、艺术、语言、少儿类优秀选题,重点扶持"中国学术名著系列"和"名家名译系列"。

此外,还有一些专题式、地方性的中国图书"走出去"资助项目。

---

① 胡惠林:《文化产业发展与中国新文化变革》,上海人民出版社 2009 年版,第 11 页。

从 2006 年起，中国作家协会启动"中国当代文学百部精品译介工程"。2008 年陕西省作协推出"陕西文学海外翻译计划"，旨在把陕西当代著名作家的文学作品译成英文向外推介。新闻出版总署为配合国际性书展，在 2008 年年初发起"2009 年法兰克福书展中国主宾国活动重点图书翻译出版资助项目"，该项目资助了包括《狼图腾》《兄弟》等文学图书的翻译出版。2009 年，北京师范大学文学院与美国俄克拉荷马大学孔子学院共同设立"中国文学海外传播工程"，由俄克拉荷马大学出版社出版、发行"今日中国文学"英译丛书。

综合起来看，在政策层面上，包括少数民族典籍在内的中国图书获得了前所未有的"走出去"的契机，我国图书版权引进输出比已"从 2001 年的 12.6∶1 缩小到 2011 年的 2.5∶1"①。少数民族典籍作为中国图书的重要组成部分，"走出去"的效果和成绩如何？我们接下来结合具体的数据来加以梳理、分析。

依据北京外国语大学 2012 年建成的"中国典籍外译书目"数据库②和中国作家协会李朝全整理的"中国当代文学外译作品图书目录"③，我们将涉及少数民族的图书、文学作品、典籍进行逐个梳理，并以启动"中国图书对外推广计划"的 2004 年为界，来分析少数民族典籍"走出去"的成效。"中国典籍外译书目"数据库共辑录 1770 种翻译为外语的中国典籍，"中国当代文学外译作品图书目录"共收集国外出版社翻译出版的 873 种中国文学作品。

表 1　　　　　　2004—2012 年"走出去"的少数民族典籍

序号	作者	书名	出版社	语种	出版年份
1	阿来（藏族）	《群蜂飞舞》④	俄罗斯圣彼得堡出版社	俄语	2007
2	鬼子（仫佬族）	《被雨淋湿的河》⑤	俄罗斯莫斯科出版社	俄语	2007

① 余守斌：《中国图书版权输出策略初探》，《对外传播》2014 年第 2 期。
② "中国典籍外译书目"数据库访问网址：http://www.gddrcc.org/staticLs/look002/look002.do? discode = BY0303000000。
③ "中国当代文学外译作品图书目录"访问网址：http://www.chinawriter.cn/fyzz/table/index.html。
④ 辑入在俄罗斯出版的《雾月牛栏——中国当代中短篇小说选集》。
⑤ 辑入在俄罗斯出版的《歌声好像明媚的春光——中国当代中短篇小说选集》。

续表

序号	作者	书名	出版社	语种	出版年份
3	扎西达娃（藏族）	《系在皮绳扣上的魂》①	俄罗斯莫斯科出版社	俄语	2007
4	乌热尔图（鄂温克族）	《琥珀色的篝火》	俄罗斯莫斯科出版社	俄语	2007
5	乌热尔图（鄂温克族）	《琥珀色的篝火》②	捷克布拉格出版社	捷克语	2010
6	扎西达娃（藏族）	《系在皮绳扣上的魂》	捷克布拉格出版社	捷克语	2010
7	买买提明·吾守尔（维吾尔族）	《酒的故事》	捷克布拉格出版社	捷克语	2010
8	郝斯力汗（哈萨克族）	《猎人的道路》	捷克布拉格出版社	捷克语	2010
9	蔡测海（土家族）	《远处的伐木声》	捷克布拉格出版社	捷克语	2010
10	白雪林（蒙古族）	《蓝幽幽的峡谷》	捷克布拉格出版社	捷克语	2010
11	石舒清（回族）	《清水里的刀子》	捷克布拉格出版社	捷克语	2010
12	阿来（藏族）	《群蜂飞舞》③	波兰华沙出版社	波兰语	2010
13	乌热尔图（鄂温克族）	《琥珀色的篝火》④	波兰华沙出版社	波兰语	2010

上表中9部短篇小说（13种作品形式）是我国当代少数民族作家创作的反映少数民族生活的典范作品。在中国作家协会的推动下，这些少数民族典籍真正走进了俄罗斯、捷克和波兰等国。2004—2012年，我国共输出版权19013种⑤。上述统计未包括中国台湾、香港、澳门地区，因为对上述地区的图书版权输出不涉及语言转换。从数量上看，"走出去"的少数民族典籍只占同期我国版权输出的约0.07%；从文体上看，"走出去"的只是少数民族短篇小说，体裁单一。少数民族典籍"走出去"的效果极不理想。

---

① 3、4辑入在俄罗斯出版的《红云——中国当代中短篇小说选集》。
② 5—11辑入在捷克出版的《琥珀色的篝火——中国少数民族小说选》。
③ 辑入在波兰出版的《群蜂飞舞和其他故事》。
④ 辑入在波兰出版的《波湖谣和其他故事》。
⑤ 国家新闻出版广电总局网站：http：//www.gapp.gov.cn/govpublic/60.shtml。

接下来，我们对 2004 年之前译介到国外的少数民族典籍作一梳理，为下一章规划少数民族典籍"走出去"选题作准备。

表2　　　　　　　　　2004 年以前译介到国外的少数民族典籍

序号	作者	书名	译者	出版社	语种	出版年份
1		《蒙古秘史》	Arthur Waley	英国 George Allen & Unwin Ltd	英语	1963
2		《蒙古秘史》	Francis Woodman Cleaves	美国哈佛大学出版社	英语	1982
3		《蒙古秘史》	Urgunge Onon	加拿大 Curzon Press	英语	2001
4		《蒙古秘史》	Igor de Rachewiltz	澳大利亚 Brill	英语	2004
5		《福乐智慧》	Robert Dankoof	美国 The University of Chicago Press	英语	1983
6		《藏传佛教艺术》	Ralph kiggell	美国中国图书与期刊出版社	英语	1988
7	扎西达娃	《风马之耀》	伯纳德·路易斯	法国 Actes Sud	法语	1990
8	扎西达娃	《风马之耀》		日本 JICC 出版社	日语	1991
9	扎西达娃	《风马之耀》		意大利 Tranchida Editori Milano	意大利语	1994
10	扎西达娃	《西藏：隐秘岁月》	艾米里昂·道毕昂	法国中国蓝出版社	法语	1995
11	乌热尔图	《琥珀色的篝火》	牧田英二	日本早稻田大学出版社	日语	1993
12	白桦	《远方有个女儿国》	吴庆云 & Thomas O. BeeBee	美国夏威夷大学出版社	英语	1994
13		《牡帕密帕：拉祜族民间史诗》	Anthony R. Walker	泰国 Silkworm Books	英语	1995
14	阿来	《尘埃落定》	Ivkovic, Dubravka	塞尔维亚贝尔格莱德出版社	塞尔维亚—克罗地亚语	2002
15	阿来	《尘埃落定》	葛浩文、林丽君	美国 Houghton Mifflin	英语	2002
16	阿来	《遥远的温泉》	玛丽—弗朗斯·德·米尔贝克	法国巴黎中国蓝出版社	法语	2003
17	阿来	《尘埃落定：土司制度的终结》	西海枝裕美、西海枝美和	东京近代文艺社	日语	2004

上表中的少数民族典籍，进入外国的时间主要发生在 20 世纪 80 年代以后，也即我国实行改革开放政策以后。这说明经济的交流带动了文化的

交流。文化的发展与经济的发展尽管有相对独立性，但文化活动与经济活动不是截然分开的，我国的对外经济交往促进了文化的对外交流。

2004 年以前"走出去"的少数民族典籍，既有史学典籍、长篇小说、短篇小说，也有富有哲学思想的古典长诗，题材丰富多样。相反，由中国作家协会主导、资助"走出去"的少数民族典籍仅是短篇小说，这表明作协在执行具体的扶持政策时，稍显急躁，不能以理性的态度客观地对待我国的版权逆差，急于求成、总想"走出去"的效果能够立竿见影。

总体而言，中国图书"走出去"在国家顶层设计的政策引导下，取得了显著的效果，但少数民族典籍尚未及时跟进，"走出去"的步伐极为艰难。这表明中华文化"走出去"战略规划尚存在不足之处。

首先，系统性不足。少数民族文化是中华文化密不可分的一部分。但是，对政策规划的设计，往往以主流文化来审视中华文化。政策设计中对少数民族文化的倾斜，从某种程度上恰恰说明少数民族文化与主流文化的不均等。从全民族文化的层面上来设计和把握中华文化整体的系统意识不强。尽管有统一的政策框架，但在执行过程中仍然最关注主流文化"走出去"，少数民族典籍"走出去"反而受到冷落，造成资源配置不合理。从当前国际局势看，非传统安全因素威胁的挑战正在上升，我国在参与国际竞争、拓展国家利益的同时，面临的系统风险也会上升。一旦系统的某个环节出现问题，导致系统失灵，我们承受的代价可能更大。因此，我国的文化战略应该有更强的系统性。

其次，中层规划机制缺失。当前，文化"走出去"战略规划，只有顶层设计，缺乏具体的、可操作实施的中层规划。文化"走出去"过程中，各部门之间协调不到位，条块分割。这导致文化"走出去"的实施各行其是、杂乱无章、前后脱节、比例失衡。有些执行机构十分看重眼前的绩效，总想文化"走出去"立竿见影，翻译起来费时费力的典籍被有意忽视，导致选题不科学，文化"走出去"的中长期规划得不到有效支持和考量。

再次，路径规划缺失。当前，中国文化"走出去"的资助和扶持政策是开放式、粗放型的，执行机构坐等申请者上门，对输出国的接受环境缺乏科学的评估机制。这导致文化"走出去"的地域狭窄、语种单一。

最后，内涵不足。当前，中国文化"走出去"主要以杂技、戏剧、武术、艺术展、美食、举办中国文化周、文化年等形式为主。这些艺术表现形式在当时热闹一时，给外国受众以新鲜感，但真正有文化内涵的、生根的、有持续影响力的文化形式不多。外交学院前院长、前驻法大使吴建民曾感慨："现在走出去的中国文化，变成一个地摊文化、杂耍文化了。难道我们几千年的中华文明就剩这点玩意了？"[①] 文化"走出去"的目的不是哗众取宠，不是"为交流而交流"的浅层活动，而是要增强中华文化的吸引力、凝聚力，实现有效价值传播和国家文化形象建构。

当前，少数民族典籍"走出去"仍处于边缘化状态。为扩大中国文化的覆盖面和国际竞争力，有必要对少数民族典籍"走出去"进行系统规划。各领域的少数民族典籍不仅要进入英语世界，还要进入非英语世界。少数民族典籍"走出去"不仅仅是语言转换策略的问题，而是一个系统工程。为推动少数民族典籍顺利地"走出去"，应予以科学规划。

---

① 吴建民：《中国文化走出去要戒急功近利》，《新华日报》2010 年 10 月 26 日第 B7 版。

第二章

少数民族典籍"走出去":研究
现状与系统规划

第一节　研究现状

目前对少数民族典籍"走出去"的研究主要为英译语言策略研究和典籍个案研究。汪榕培、黄中习认为"把我国民族典籍翻译成世界上使用最广泛的语言——英语,让广大的英语读者了解我国少数民族的文化典籍,使之走向世界,普及民众,是外语界和翻译界义不容辞的责任"①。两位研究者阐述了将我国民族文化典籍翻译为英语的重大意义。

《格萨尔王传》(又称《格萨尔王》《格萨尔》《格斯尔》等)是一部在我国藏族、蒙古族、土族、裕固族和普米族中间流传甚广的英雄史诗,长达100万余行,是世界上篇幅最长的史诗。目前,仍有民间说唱艺人在说唱这部史诗。王宏印、王治国从史诗的发生、发展、传播、域内翻译、域外翻译、民译、汉译、英译和外译及现代创造等多个维度对《格萨尔

---

① 汪榕培、黄中习:《加强民族典籍的英译,弘扬民族优秀文化》,《广西民族研究》2008 年第 4 期。

王传》的翻译现状进行了路线图式的梳理和研究。①

《福乐智慧》为我国维吾尔族富有哲学思想的文学典籍。作品采用双行诗的形式，共 85 章，13920 行。《福乐智慧》以伊斯兰教的伦理思想为准则，劝喻人们用知识和智慧消除愚昧和无知，以正义、幸运、智慧、知足为箴言去修身养性，为人处世，协调社会关系，治理国家，求得幸福。王宏印、李宁从传承形态和神话传说两个方面研究了《福乐智慧》中民俗文化意蕴的英译，认为英译本对民俗文化的再现"既忠实于原文的文化内容，也满足了西方读者的好奇心和期待视野"②。

《阿诗玛》是我国彝族的抒情长诗，使用口传诗体语言，讲述或演唱阿诗玛不屈不挠地同强权势力作斗争的故事，揭示了光明终将代替黑暗、善美终将代替丑恶、自由终将代替压迫与禁锢的人类理想，反映了彝族撒尼人"断得弯不得"的民族性格和民族精神。《阿诗玛》入选首批国家级非物质文化遗产"民间文学"保护名录。王宏印、崔晓霞从文体、语义、修辞等方面研究了戴乃迭翻译的《阿诗玛》英译本，认为戴乃迭的翻译实现了"以诗译诗"的效果。③

《麽经布洛陀》是我国壮族创世史诗典籍。该史诗采用壮族民歌五言体形式，笔调浪漫、手法新颖、语言质朴、结构宏伟严谨、格调庄重、想象奇特丰富、意境广阔深远。《麽经布洛陀》是壮族一部原生形态文化的百科全书，记载着壮族先民对客观世界和自然环境的认识，与自然界作斗争的历史，凝聚着他们千百年来在生产、生活等方面积累下来的智慧和经验。《麽经布洛陀》入选首批国家级非物质文化遗产"民间文学"保护名录。卓振英、李贵苍探讨了《麽经布洛陀》的英译策略，在文体方面，建议"采用韵体，以诗译诗"，在具体的翻译方法上，建议"运用有关汉诗英译中的标准、原则、审度、诗化、移情、炼

---

① 王宏印、王治国：《集体记忆的千年传唱：藏蒙史诗〈格萨尔〉的翻译与传播研究》，《中国翻译》2011 年第 2 期。
② 王宏印、李宁：《民族典籍翻译的文化人类学解读》，《民族文学研究》2007 年第 2 期。
③ 王宏印、崔晓霞：《论戴乃迭英译〈阿诗玛〉的可贵探索》，《西南民族大学学报》（人文社会科学版）2011 年第 12 期。

词、模糊化译法、借形传神、风格重构、译作评价和诗歌美学价值等理论、理念"①。同样针对《麽经布洛陀》的翻译策略，黄中习、陆勇、韩家权提出民族典籍翻译的三原则："由易到难，由简到繁，从节译或选译开始，逐步过渡到全译。""以'传神达意'的翻译标准来指导，力求忠实传神而又通俗易懂的文化翻译效果。""灵活使用各种翻译方法与技巧，使译文通俗化，尽量保存原典的民俗文化意蕴。"②

《蒙古秘史》是我国一部记述蒙古民族形成、发展、壮大之历程的典籍，是蒙古民族现存最早的历史文学长卷。《蒙古秘史》包容大量的社会变迁史、文化风俗史、宗教信仰史和审美精神史的资料，保存了蒙古族及中亚诸民族神话、传说、宗教信念和仪式、故事、寓言、诗歌、格言、谚语的资料，被誉为解读草原游牧民族的"百科全书"。

邢力研究了《蒙古秘史》的两个英译本。发现译者对原作的不同认识直接导致不同的翻译策略及对原文的不同操控。英国阿瑟·韦利（Arthur Waley）认为《蒙古秘史》是纯文学文本，"是世界上存在的最为生动的原始文学"，所以阿瑟·韦利采取摘译的翻译策略，只选译《蒙古秘史》的故事部分③。这样，译者的翻译策略就导致《蒙古秘史》的史学价值被遮蔽。有趣的是，另一位译者乌尔贡格·奥侬出于对成吉思汗的崇拜，则视《蒙古秘史》为"记载蒙古民族历史的神圣文典"，在译文中既处处凸显成吉思汗的核心地位，又在译文中添加详细的注解和解释，俨然成了一部成吉思汗传④。《蒙古秘史》的文学性又为译者所遮蔽。

总体而言，已有研究重在对少数民族典籍个案及英译策略研究，强调某一方面或某一局部，但缺少整体性和关联性，对如何从整体上推动各个领域的少数民族典籍全方位"走出去"研究不够。

---

① 卓振英、李贵苍：《壮族典籍英译的新纪元》，《广西民族研究》2008 年第 4 期。
② 黄中习、陆勇、韩家权：《英译〈麽经布洛陀〉的策略选择》，《广西民族研究》2008 年第 4 期。
③ 邢力：《评阿瑟·韦利的蒙古族典籍〈蒙古秘史〉英译本》，《解放军外国语学院学报》2010 年第 2 期。
④ 邢力：《评奥侬的蒙古族典籍〈蒙古秘史〉英译本》，《民族翻译》2010 年第 1 期。

第二节　系统思维与战略规划

中华文化"走出去"已成为一项国家战略，但我们对中华文化"走出去"复杂性的认识明显不足、准备欠缺，导致少数民族典籍"走出去"效果不理想。本书拟以系统思维作为理论框架，在此理论框架下，系统分析如何将国家战略具体落实为少数民族典籍"走出去"的具体举措。

国家战略是国家最高决策者及其智库综合审视国内外局势，为确定国家利益目标和实现国家利益制定的宏观决策。国家战略不同于治国之道，因为治国之道事无巨细，而国家战略则主要涉及治国之道的顶层设计。国家战略是一个宏大、复杂、多层次、动态的系统。国家战略作为国家决策的顶层设计，其实施需有具体的中层规划予以支撑。中层规划是将顶层设计转化为行动和结果的保证。这种转化需要运用计划、组织、激励、控制等手段来实施。无论顶层设计制定得多么有效，如果不能恰当地实施仍不能保证战略目标的实现。因此，战略规划对于顶层设计的顺利实施极为重要。战略规划是为了有利于实现战略目标而设计的具有整体性、连贯性的中远期方略。

少数民族典籍"走出去"是一个系统工程。从内外部环境、典籍选题、外语语种的确定、译者选择、翻译策略的制定、翻译流程控制、输出路径规划到异域读者接受，这些环节和要素是有机联系在一起的，每一个环节或要素出现问题，都会影响少数民族典籍"走出去"的效果。因此，少数民族典籍"走出去"除积极响应顶层设计之外，还需要通过其他规划环节实现与顶层设计的无缝衔接。

从系统论角度看，构成少数民族典籍"走出去"系统的各要素之间以及系统与外部环境之间是一种非线性关系，各要素的简单相加不等于整体之和。因而，是一个复杂系统。在复杂系统中，我们不能通过对系统各要素的性质或各要素之间的相互关系的汇总来理解系统的性质，一个要素变化所产生的影响会因为其他要素的潜在互动而减弱或增强。如果忽略系统内外的其他要素，就很难判定一个要素的真实影响。在复杂系统中，由于各要素之间的相互关系是非线性的，所以问题的产生往往不是直接的、简单的因果关系，从孤立的行为中无法预测出结果，任何变化都是各种因素综合作用的结果。比如，2004 年以后，我国启动对中国文化"走出去"、中国图书"走出去"的扶持、资助政策，但是少数民族典籍"走出去"的效果反而还不如 2004 年之前。这是因为，任何一个环境要素的变化都可能引起其他要素的变化，甚至整个系统或子系统的变化；没有一个要素起着绝对主导作用。假定其他要素不变来分析、判定某一要素的影响可能会陷入困境。如果把中华文化"走出去"视为一个系统，少数民族典籍"走出去"则可以视为其子系统。中国杂技、武术、戏剧、艺术展等文化要素的"走出去"影响到了少数民族典籍"走出去"这一子系统。这就意味着，在很多时候，如果我们要达到一定的战略目标，就必须考虑系统要素及系统与环境之间的相互作用和相互制约。换言之，我们应将少数民族典籍"走出去"视为一个整体而非孤立的、完整而非零散的、开放而非封闭的、动态而非静止的系统。

　　将少数民族典籍"走出去"视为一个系统，就要求我们对待"走出去"战略时，应采取系统思维方式。"系统思维是'看见整体'的一项修炼。它是一个架构，能让我们看见相互关联而非单一的事件，看见渐渐变化的形态而非瞬间即逝的一幕。"① 系统思维强调整体观、有机观、互动观，重视不确定性和动态性。运用系统思维考虑问题，要求我们应采用非线性的视角，打破条块分割、跳出局部界限，考虑到不同层级要素或系统之间的互动，从系统整体的角度认识和把握问题、解决问题。按照系统思维的原理，分析少数民族典籍"走出去"的状况、策略，不能只是分析少数民族典籍"走出去"自身的举措，而要分析少数民族典籍"走出去"的环境、与其他文化形态"走出去"的互动、我国所处的国际局势，以及由此而带来的互动影响。

　　进入 21 世纪新阶段，国际局势风云变幻，综合国力竞争空前激烈，

---

① ［美］彼得·圣吉：《第五项修炼》，郭进隆译，上海三联书店 1999 年版，第 75 页。

我国发展中不平衡、不协调、不可持续问题依然突出，社会矛盾明显增多。在此背景下，少数民族典籍"走出去"战略规划的设计要充分考虑三大要素：格局要素、身份要素、安全要素。

格局要素牵扯到我国的国际影响力分布及实力地位。21世纪以来，我国在国际战略格局中的战略风险在增大。2009年，美国高调宣布重返亚洲，目的是制衡我国，制造地区紧张局势，挑拨我国与周边邻国的矛盾，渲染"中国威胁论"。同时，美国力图通过"跨太平洋伙伴关系（TPP）"介入亚太区域经济整合进程，维护美国在亚太地区的战略利益。日本与我国在历史问题、领土争议、地缘战略方面存在极深的矛盾。中日钓鱼岛问题摩擦不断；日本联手美、澳、印，主张建立四国联盟，妄图构建一个钳制我国的"菱形"战略格局；日本还利用我国的社会矛盾、民族分裂势力，介入台湾问题。近年，越南、菲律宾等国又挑起南海主权争端。在我国的西北方向，国际恐怖势力、极端宗教势力、民族分裂势力相互勾结，不时威胁我国西部边陲的安宁。

同时，我国与周边国家的相互依存也越来越紧密。2010年1月1日，中国—东盟自由贸易区（CAFTA）正式全面启动。自贸区建成后，东盟和我国的贸易占到世界贸易的13%，东盟成为一个涵盖11个国家、19亿人口、GDP达6万亿美元的巨大经济体，是目前世界人口最多的自贸区，也是发展中国家间最大的自贸区。我国还在积极参与2013年年初启动的"区域全面经济伙伴关系（RCEP）"谈判。若谈判成功，"区域全面经济伙伴关系（RCEP）"将涵盖中国、东盟十国、日本、韩国、澳大利亚、新西兰和印度的35亿人口，GDP总和将达23万亿美元，占全球总量的1/3。2013年3月，中日韩自由贸易区首轮谈判也已启动。

周边国家对日益强大的中国抱有警惕、忧虑、怀疑、嫉妒等心理，是可以想象的。要实现中华民族的伟大复兴，必须营造和保持和平的国际环境和良好的周边安全环境。以和平的姿态与周边国家进行交往，消除周边国家的疑虑，推行安邻、富邻、睦邻的政策，积极与周边国家进行文化方面的交流与合作。中国的崛起不能缺失国家文化战略的支撑。通过文化交流增强这些国家对华信任感和依存度，增强周边国家包括美国传统盟友对华的向心力。

我国的国家身份日益复杂。当今世界正处在大发展大变革大调整时期，我国与外部世界的关系也正发生前所未有的变化。按经济总量计算，我国已成为世界第二大经济体，在一定程度上我国兼具发达国家的一些属性。我国的经济利益、贸易利益、安全利益等与美国等西方大国是趋同的，我国在国际事务中必须发挥大国的作用。但按人均收入算，我国仍位列世界80多位，仍然有一亿多贫困人口，仍然是世界上最大的发展中国家。在人权问题、粮食安全、气候议题等方面，我国与广大发展中国家的利益又是一致的。

我国的文化安全面临着文化霸权主义和信息殖民主义的严峻挑战。如今，发达国家占据文化贸易的绝对主导地位。据中国文化软实力研究中心2011年报告中提供的数据，"美国的文化产业在世界文化市场当中占43%，欧盟占了34%，而整个亚太地区只有19%。在这19%当中，日本占了10%，澳大利亚占了5%，剩下的4%才属于包括中国在内的其他亚太国家"①。我国文化贸易长期处于出超地位，这种趋势发展下去，会弱化中华民族的内在凝聚力。文化产业国际竞争力的强弱，既涉及经济能否增长的问题，又事关一个国家能否有效地维护文化主权和文化安全。可以说，我们已经进入了一个风险文化的时代。西方发达国家通过文化贸易，大肆传播西方价值观念，导致个人主义、功利主义、实用主义等不良思想泛滥，种族主义、民族歧视、宗教仇恨、法西斯思潮等渗透到我国有些群众的思想中，影响人们的价值取向，对社会主义价值观和道德观形成冲击。维护自身的文化安全，不能靠守和堵，我们要主动走出去与外部文化进行交流，中国文化只有在碰撞与交流中才能保持生机和活力，这是增强中国文化竞争力的关键。

文化"走出去"国家战略，既是国家发展战略，也是国家安全战略。文化是经济社会发展的一种重要资源，是提升国家软实力的重要载体，是推动社会发展的重要手段。向外传播少数民族典籍中所蕴含的普世价值、

---

① 张国祚：《中国文化软实力研究报告（2010）》，社会科学文献出版社2011年版，第38页。

公平正义、捍卫真理、伸张正义、兼爱非攻、亲仁善邻、以和为贵、和而不同、推己及人、立己达人等传统价值观，向世界发出和平的声音，播撒和平的种子，消除外部世界对中国崛起的疑虑、误解，是少数民族典籍"走出去"应尽的文化责任。

全球化带来新的复杂性和更加密切的相关性和交叉性，将诸多原本没有联系的因素交织在一起，使得少数民族典籍"走出去"已不再是纯翻译活动或版权输出活动，而是更具混杂性。因此，设计少数民族典籍"走出去"战略规划时，要充分考虑三大原则：整体性原则、阶段性原则、过程评估原则。

少数民族典籍"走出去"这一系统是一个有机整体。构成这一系统的各要素不是孤立存在的，而是相互依存、相互作用、相互制约的统一整体。少数民族典籍"走出去"这一系统具有同其构成要素迥然不同的整体功能，系统功能不等于各构成要素的简单相加。各要素的性质要受该系统整体的影响与制约，但个别要素的改变务必会带来整个系统的预期的转变。因此，促进少数民族典籍"走出去"的效果，不能仅靠个别政策的调整来实现。

缺乏整体观念，就可能过分强调或夸大局部的重要性。在少数民族典籍"走出去"过程中，往往就会急功近利、部分至上，而忽视与系统中其他要素的协调。因此，对少数民族典籍"走出去"的战略规划，应该既注重局部，又要超越细节和具体特征，从系统的视角关照整体内各要素的相互联系、制约和影响，从整体、变化、互动进程来把握复杂整体的运行。过分关注局部会使得局部优化，但却会对整体造成根本性损害。

为增强少数民族典籍"走出去"的效果，规划时应注意区分阶段性、突出层次。要注意轻重缓急的排序，注意主次之分，远近之别。对于我国的目前现状而言，有助于外国受众接受和认可的共享文化要素应该为战略优先目标。等外国受众对我国文化有了一定的了解和认知之后，再向外传播具有典型中华文化符号的、代表中华文化核心价值观的、能够改变现存文化秩序和建构精神世界的文化要素。同时，这也涉及翻译策略选择的阶段性。对同样的少数民族典籍，在不同的历史阶段，所采取的翻译策略应该是不同的。

在少数民族典籍"走出去"过程中,无论在制定规划时考虑得多么严密,都会因为系统受外部环境和内部条件变化的影响而发生活动偏离既定目标的情况。过程评估是确保少数民族典籍"走出去"能够依照计划完成,并修正重大偏离的一种监督程序。过程评估的实质是使"走出去"活动符合既定目标,评估越准确、全面和深入,就越能保证"走出去"活动顺利进行,并能更多地反馈信息以提高"走出去"的质量。

战略评估应该成为战略规划的机制性安排。战略评估是对少数民族典籍"走出去"实施效果的检验,也是战略调整和新的规划的起点。在设计战略规划时,不仅要考虑战略目标,还要预测输入国或地区的反应。因为,其他国家或地区的反应可能阻碍少数民族典籍"走出去"的努力,也可能有利于少数民族典籍"走出去"。战略评估可分为实施效果评估、实施过程评估、失败原因评估等。实施效果评估包括评估目标能否实现、能否能够达到预期、审视战略规划的针对性、系统性、统筹性、综合性、预判性等。实施过程评估包括追求目标的实施过程与预先构想是否一致?目标与手段之间是否协调?手段对于实施目标是否合适?对形式的判断是否适合发展现实?失败原因评估包括没有实现预期目标的原因是什么?如果原因复杂,何者为主要原因、原因之间的互动关系如何?如何进行补救?新规划或方案有何优化?战略评估的目的不是对事件进行控制,而是及时给出新的思路和方案,形成有效的系统反馈机制。

世界多极化、经济全球化深入发展,单一民族文化的传统结构已被打破,文化发展已经进入多样化并存与竞争的时代。在经济全球化的今天,我国在经济方面日益融入世界,但外部世界欠缺对我国文化的了解和认同。推动中华文化走向世界,让世界共享"天人合一、允执厥中、仁者爱人、以和为贵、和而不同、众缘和合"等中华文化价值体系,是营造良好外部环境,推动建设持久和平、共同繁荣的和谐世界的战略选择。中华文化"走出去"过程中,少数民族典籍要有效地担负起提升国家民族文化整体实力和国际竞争力的责任,支撑起建构中国国际话语权的重任。

少数民族典籍"走出去"有责任共担提升国家文化整体实力和综合竞争力的重任。当下，我们要把握住历史机遇，统筹规划少数民族典籍"走出去"，作为大国崛起和实现中华民族伟大复兴的支撑。我们有责任对此进行深刻思考，谋划出切实可行的少数民族典籍"走出去"方略。

第三章

少数民族典籍"走出去"选题规划

　　勤劳勇敢、热爱和平的中华各民族共同缔造了悠久灿烂的中华文化。少数民族典籍是各民族智慧的结晶，是人类开启未来不可或缺的宝贵财富。我国少数民族典籍浩如烟海，将其精华译介给世界目前尚存在一定的随意性。因此，需要对选题作比较统一的规划。文化"走出去"的核心问题是文化价值的传播和相互沟通。当前形势下，应当重点选取蕴含"讲仁爱、重民本、守诚信、崇正义、尚和合、求大同"等中华传统文化价值观的少数民族典籍向外译介，以服务于中国和平崛起，实现中华民族伟大复兴的战略目标。

　　我国少数民族人口相对较少，但分布在我国总面积50%—60%的土地上。按照各少数民族地域分布相对集中的原则，我们分东北内蒙古地区、西北地区、西南地区、中南东南地区，对各区域内的少数民族典籍"走出去"选题作一系统规划。

第一节　东北内蒙古地区少数民族典籍"走出去"选题规划

　　东北内蒙古地区主要聚居着满族、朝鲜族、赫哲族、蒙古族、达斡尔族、鄂温克族、鄂伦春族七个少数民族。

一　满族典籍

在我国，满族人口约有 1038.7958 万人（2010 年第六次全国人口普查数据，下同）。满族可追溯到周代的肃慎人，主要分布在中国的东三省，以辽宁省最多。另外，在内蒙古、河北、山东、新疆等省、自治区以及北京、成都、兰州、福州、银川、西安等大中城市均有少数散居满族人口。满族有本民族的语言、文字，文字创制于 16 世纪末，是借用蒙古文字母创制。

记载满族民族精神和文化传统的文学典籍形式为"说部"。说部源于历史更为悠久的民间讲述形式——"讲古"。讲古，满语称为"乌勒奔"（ulabun），流传于满族各大家族内部，讲述本民族的特别是本宗族历史上曾经发生的故事。说部最初用满语讲述，清末满语渐废，改用汉语并夹杂一些满语讲述。

说部利用老百姓喜闻乐见的说书形式，追念祖先，教育后人，借此增强民族凝聚力。在满族，有谚曰："老的不讲古，小的失了谱。"说部蕴含了满族人民的世界观、价值观和独特的审美情趣。对满族人民来说，说部已不是一种单纯的娱乐活动，而是一种进行民族教育、英雄主义教育和历史文化教育的重要方式。

说部还有着极为珍贵的史料价值。说部是满族民间艺人、萨满、氏族酋长结合本民族或本氏族历史，讲述给后人的，虽有艺术加工，但其中的时间、地点、人物、事件等叙述要素，都是真实可靠的，是研究满族文明史不可或缺的参考资料。满族说部数量较多，我们认为《天宫大战》《乌布西奔妈妈》和《雪妃娘娘和包鲁嘎汗》应作为首批"走出去"的满族典籍。

《天宫大战》是满族的创世神话，表现的是我国满族旧石器时代母系氏族社会的历史。它描述了神界一个庞大的女神谱系，三位主神女天神阿布卡赫赫、地母神巴那姆赫赫、女光明神卧勒多赫赫不仅创造了这个世界，也孕生出其他 300 多位女神。这些女神之间有严密的统辖关系，各司

其职，有教人类采蘑菇的代敏妈妈，帮助人类寻找水源的温泉女神，还有
畜牧女神、缝织女神、渍菜女神等，反映了母系时代人类社会女性明确的
社会职责与劳动内容，是母系社会女性生活的真实写照。

在《天宫大战》中，阿布卡赫赫领导的300多位女神是正义、善良、
光明的象征，耶鲁里率领的男神则象征着邪恶、黑暗。双方展开了争夺宇
宙权的战斗，也就是神界之战，实际象征的是母系社会与新兴的男性势力
的较量。神话中通过善神与恶魔之间的较量，描绘了创世之初，善与恶、
光明与黑暗、存在与死亡两种势力的激烈抗衡，歌颂了自我奉献、团结互
助、坚韧不拔、追求光明的精神。如《天宫大战》中对突姆女神的描写：

> 耶鲁里喷出的恶风黑雾，蔽住了天穹，暗黑无光，黑龙似的顶天
> 立地的黑风卷起了天上的星辰和彩云，卷走了巴那姆赫赫身上的百兽
> 百禽。突姆火神临危不惧，用自己身上的光毛火发，抛到黑空里化成
> 依兰乌西哈（三星）、那丹乌西哈（七星）、明安乌西哈（千星）、
> 图门乌西哈（万星），帮助了卧拉多赫赫布星。然而，突姆火神却全
> 身精光，变成光秃秃、赤裸裸的白石头，吊在依兰乌西哈星星上，从
> 东到西悠来悠去。从白石头上还发着微光，照彻大地和万物，用生命
> 的最后火光，为生灵造福。①

善神用生命的最后火光，为生灵造福。通过宣扬以善观念为核心的道
德规范，为氏族成员日常行为提供了一个可以长期传承下来的传统范式。

《乌布西奔妈妈》是一部歌颂满族女萨满丰功伟绩的英雄史诗，讲述
的是满族由母系氏族社会向父系氏族社会过渡时期的故事。史诗为叙述体
说唱形式，6000余行，讲述了满族先世东海女真乌布逊部落的女罕王兼
大萨满乌布西奔一生为氏族部落呕心沥血，东征西杀，收降东海各部，最
终统一七百"噶珊"（村屯），开拓东海海域的丰功伟绩。诗中记载乌布

---

① 富育光讲述，荆文礼整理：《天宫大战西林安班玛法》，吉林人民出版社2007年版，第48—
49页。

西奔妈妈不顾众人劝阻，抱病第五次远征东海的情景：

> 女罕命侍人，
>
> 均——刻板记绘，
>
> 一路图木积存如山。
>
> 亘古寒海无人迹，
>
> 乌布逊祭鼓乌春，
>
> 今朝北海频传，
>
> 朝夕忙碌，从不偷闲。
>
> 槽船近抵北海，
>
> 浮冰片片，冰源劲风彻骨寒。
>
> 女罕侍女相陪，
>
> 高踞槽楼数日不眨眼。
>
> 与达塔龙、嘎憨细磋
>
> 海情、航向、星象夔。
>
> 女罕兴高采烈临高眺望东海，
>
> 太阳升起，冰上白熊披红衫。①

这部史诗还极具人文、历史、地理价值，堪称古代东北亚沿海自然人文地理的百科全书。史诗记载了满族由母系氏族社会向父系氏族社会过渡时期的部落风云和社会生活，如双酋长制、元老制、禅让制等政治制度；母系世袭、多偶制、外婚制等婚姻制度；神判制等法律制度；人殉、人祭、裸体、文身、长毛等原始习俗；物候纪年、图画文字、裸舞、长调等民间知识和民间文艺形式，以及图腾崇拜、血祭、征兆、占卜、脱魂、附体等古老的萨满教观念、仪式，无不反映出原始文化的意蕴，形象地展现了原始文化的内涵，揭示了原始文明的发轫及其发展轨迹。史诗中描述了满族人民丰富的航海经验，他们已经可以把大洋环流对航海的影响运用到

---

① 鲁连坤讲述，富育光译注整理：《乌布西奔妈妈》，吉林人民出版社 2007 年版，第 187 页。

航海的实践活动当中：

> 东海的水啊，
> 按野人的描述，
> 像个瓢泼的盆湖，
> 海的旋涡总是圆形旋转，
> 只要找准季节、风向，
> 圆舟可在海的旋涡中，
> 永按同一方向旋转前进。
> 纵使万里，仍可能
> 缓缓回到原初起航地。①

《雪妃娘娘和包鲁嘎汗》是满族一部悲壮刚烈的叙事文学典籍。这部长篇说部以努尔哈赤于万历十一年（1583）起兵，到万历四十四年（1616）成立大金（史称后金）政权这段历史为背景，以错综复杂的民族矛盾和情感纠葛为主线，描述了宝音其其格和她的儿子包鲁嘎汗机智勇敢、正义无畏的英雄品格。

黑龙江德钦部女真小孤女宝音其其格被努尔哈赤收为义女，她聪明伶俐、机智勇敢，为努尔哈赤征服女真各部屡立奇功。后来宝音其其格与皇太极相爱并怀孕，但努尔哈赤要皇太极与周边的蒙古族部落联姻，导致宝音其其格愤而出走，在山林中生下儿子。不幸的是，战乱又拆散了母子，婴儿被头狼衔走。尽管宝音其其格孤苦一人，但她拒绝再回到皇太极身边。这体现了满族女性刚烈智慧、独立自主的精神。宝音其其格死后，皇太极将其安葬，并加封为雪妃娘娘。

宝音其其格的孩子被狼群养大，后来老鹰又做其师父传授他各种生存技能。他通晓兽语，结交了很多动物朋友。这体现了满族先民与其他生物和谐相处的理念。后来，他成长为一位机智多谋的勇士，将荒淫无度的德

---

① 鲁连坤讲述，富育光译注整理：《乌布西奔妈妈》，吉林人民出版社 2007 年版，第 172 页。

钦部王爷父子打死，被众人拥为德钦部的新王，得名"包鲁嘎汗"。《雪妃娘娘和包鲁嘎汗》体现了满族人民正义、友善以及向往和睦、甜蜜、安宁生活的美好愿望：

> 包鲁嘎从此不在山里住了。他当了汗以后，把原来的老规矩给改了。他不要妃子，把王爷所有的妃子都给打发了，使她们各自成了亲，并把所有的奴才也都放了，成了部族的牧民。他让人和人之间和睦相处，不准谁力气强，就可以欺负人；谁势力大，就霸占别人的东西。要是让他知道，小心挨他的大巴掌。所以，自打他当了汗以后，德钦部牧民们的生活过得特别和睦、甜蜜、平静。①

《雪妃娘娘和包鲁嘎汗》向我们展示了满族先民的审美旨趣、社会生活和风土人情，为满族历史、民俗研究提供了珍贵的史料。

二 朝鲜族典籍

我国朝鲜族人口约 183.0929 万人，最初由朝鲜半岛迁入，现在主要分布在东北三省，少量散居在内蒙古自治区和北京、上海、杭州、广州、成都、济南、西安、武汉等大中城市。朝鲜族有本民族的语言和文字。朝鲜族代表性典籍有《东医寿世保元》《檀君神话》和《成主传》等。《东医寿世保元》可作为朝鲜族首批"走出去"的典籍。

《东医寿世保元》为朝鲜族医学典籍。李济马根据人的体格和气质把人分为太阳、少阳、太阴、少阴等"四象"人，并提出相应的诊疗方法。《东医寿世保元》是在借鉴儒家思想及《伤寒杂病论》等汉医书的基础上创作的，如书中写道：

> 尧舜之行仁在于五千年前而至于今天下之称为善者皆曰尧舜则人

---

① 富育光讲述，王慧新记录整理：《雪妃娘娘和包鲁嘎汗》，吉林人民出版社 2007 年版，第352 页。

之好善果无双也

桀纣之暴行在于四千年前而至于今天下称之恶者皆曰桀纣则人之恶恶果无双也

以孔子之圣三千之徒受教而惟颜子三月不违仁其余日月至焉而心悦诚服者只有七十二人则人之邪心果无双也

以文王之德百年而后崩未洽于天下武王周公继之然后大行而管叔蔡叔犹以至亲作乱则人之怠行果无双也[1]

《东医寿世保元》共四卷，625 条，约六万字。第一卷是基础理论部分，提出了"性命论""四端论""扩充论"和"肺腑论"等基础理论。第二卷根据张仲景伤寒六经病症，提出了"医源论"和"少阴人病论"，含药方 66 个。第三卷为"少阳人表寒病论""少阳人里热病论"和"泛论"，含药方 36 个。第四卷为"太阴人表寒病论""太阴人里热病论""太阳人外感病论""太阳人内触病论""广济说"和"辨证论"，含药方 51 个。《东医寿世保元》所创立的"四象医学学说"是朝鲜族医药学的根基。

三　赫哲族典籍

赫哲族是我国北方唯一现存的渔猎民族，人口 5354 人，是我国人数最少的少数民族之一。赫哲族主要分布在黑龙江省同江县、饶河县、抚远县，使用赫哲语，赫哲语属阿尔泰语系通古斯语族满语支，无文字。

赫哲族因为没有文字，只有靠说唱来传承本民族的记忆，赫哲语称这种艺术形式为"伊玛堪"，意为"民间说唱"。伊玛堪记载着赫哲族的渔猎生活、风土人情、宗教信仰、节庆礼仪、婚丧嫁娶、爱恨情仇等，内容可谓包罗万象，堪称赫哲族的"百科全书"和"活化石"。伊玛堪不需要乐器伴奏，以说为主，唱为辅，腔调分"老翁调""少女调""欢乐调""叙述调"等。一般故事都比较长，可连续唱几天。伊

---

[1]　李济马著，悬吐详校：《东医寿世保元》，延边朝鲜族自治州卫生局影印 1964 年版，第 13 页。

玛堪是连接历史与现实的纽带，不只是赫哲族，而且是全人类的一座珍贵的口头典籍宝库。2011 年，伊玛堪入选联合国"急需保护非物质文化遗产名录"。

伊玛堪主要作品有《满都莫日根》《多如坤莫日根》《什尔达鲁莫日根》《香叟莫日根》《他徒莫日根》《木竹林莫日根》《英土格格奔月》《抗婚》《亚热勾》《西热勾》等。几乎每部伊玛堪都有一个固定的叙事模式，即莫日根（赫哲语，意为英雄好汉）的父母被外族部落掳获，莫日根开始比较弱小、历经磨难，后来得神灵相助，变成叱咤风云的勇士。为了拯救父母，莫日根与对手展开搏杀，又与友善的部落结为同盟，最终获得胜利。伊玛堪最具代表性的为《满都莫日根》，已存世 800 多年。《满都莫日根》直接从赫哲族民间说唱艺人那里采录而来，保留了伊玛堪原有的特点，约六万字，说唱字数相当。《满都莫日根》记录稿全文发表在《黑龙江民间文学第 2 集：赫哲族民间文学》（1981 年版）上。《满都莫日根》主要是歌颂英雄满都的事迹。大意为满都父母被抓走，满都被吓疯。15 年后，满都的妹妹以歌声恢复了哥哥满都的神智，于是开始西征、复仇，最后凯旋。《满都莫日根》富有想象力和魔幻色彩，全篇贯穿着萨满神术、神灵和人与动物之间的变换。如其中描写妹妹满津以仙丹帮助哥哥满都增加神力的片段：

> 满津德都也顾不得哥哥呆想，走进屋里，见灶上搁着半拉破锅，就使水刷了刷。抓块火镰，打着火，温上点水。跟着，把碗筷刷洗干净，掏出九颗苏布顿（仙丹，著者注），先给哥哥吃了。只见他吃下一个，就觉着浑身骨节暴响，身轻如毛。吃上两个，就觉周身都生出力气。往下，吃一颗苏布顿，就长出一分力量。他吃一个，喝一口水，等吃完九颗，只觉由头到脚，骨也胀，筋也疼，身量也长高了，四肢也壮实了。这时，满津德都让哥哥脱下上衣，把库持卡妈妈送她的那个舍利萨勒卡，也拴到哥哥脖子上，说有朝一日遇上什么大灾大难，只要喊叫三声"库持卡妈妈"和"库持卡玛发"，不等他住嘴，两位老人就会赶来相助……

满津德都寻思寻思，又说："过了前边那个嘎深，还有一个霍通，爹妈就被带到那里去了。此去，父母若活着，就赶快解救回来，重建家园；若是死了，就赶快收还骨殖，背回来殡葬入土。遇事，要多多和气，好好商量着办。哥哥不必等我，妹妹会在暗中保护你出世！"说完，在满津德都站着的地方，眨眼就没了踪影。①

伊玛堪"走出去"对于增强赫哲族民族认同感和凝聚力具有不可替代的作用。译介好这宗重要的赫哲族口头遗产，对人类学、民族文学和民族史学具有宝贵的价值。

四　蒙古族典籍

我国蒙古族现主要分布在内蒙古自治区，其余分布在新疆、甘肃、青海、黑龙江、吉林、辽宁等省区，人口 598.184 万。蒙古族有自己的语言文字——蒙古文。蒙古族典籍《蒙古秘史》已经走进了美、英、加拿大、澳大利亚等国，下面我们着重介绍蒙古族英雄史诗《江格尔》。

《江格尔》为我少数民族三大英雄史诗之一。《江格尔》卷帙浩繁，规模宏大，围绕保卫家乡、英雄结义、爱情婚姻等主题展开了一幅幅惊心动魄的画面，从中我们可以了解远古蒙古社会的政治制度、军事活动、经济文化、生活习俗等诸多方面。

《江格尔》由数十部可独立成篇的作品组成。除序诗外，其余各部都是一个完整的故事。1958 年，内蒙古人民出版社出版了我国第一个蒙古文《江格尔》版本，收录 13 部作品。1980 年，新疆人民出版社出版了收录有 15 部作品的《江格尔》蒙古文版本。1983 年，人民文学出版社出版了由色道尔吉翻译的《江格尔》汉译本，收录有 15 部作品。1988 年，新疆人民出版社出版了由宝音和西格、托·巴达玛搜集整理，霍尔查翻译的《江格尔》汉译本，也是收录了 15 部作品。

---

① 中国民间文艺研究会黑龙江分会：《黑龙江民间文学第 2 集：赫哲族民间文学》，内部刊印 1981 年版，第 7—8 页。

　　《江格尔》成功塑造了许多栩栩如生的英雄人物。除江格尔外，还有
洪古尔、阿拉坦策吉、萨波尔、哈日·苍萨尔、哈日·吉里干、浩顺·乌
兰等。这些理想化的人物都是半人半神式的英雄。他们一方面有着人类的
各种禀性特征，又有着天神的非凡本领。不但疾恶如仇、勇猛善战、英雄
相惜、相互帮助，而且忠于人民、忠于家乡，具有鲜明的个性特征。江格
尔是一个典型的军事活动组织者和领导者，在其他英雄遇难时，他都会挺
身而出。如史诗中写道：

　　　　圣主江格尔
　　　　重又跨上阿冉扎赤骥，
　　　　将檀木杆儿长枪，
　　　　——横放身前，
　　　　飞马登上阿日斯郎图山巅，
　　　　发出十三条巨龙般的声音吼喊，
　　　　那巨大的吼声震地动天。

　　　　他重把坐骑貂皮马的
　　　　——那钦·双虎尔将军，
　　　　连人带座椅用枪尖挑起，
　　　　捆翻在地，
　　　　割掉他的首级，
　　　　将其一块块剁碎，
　　　　然后用火镰的火焚烧成灰。

　　　　他冲进哈日·托博图可汗的乱军之中，
　　　　迫使其一群群地缴械投降。

　　　　赤诚的洪古尔，
　　　　闻听江格尔的声音，

挣脱了钉在四肢上的

——四根铁钉。

他解开旁边三个勇士的绑绳，

冲向哈日·托博图可汗的乱军，

砍杀的砍杀，

俘虏的俘虏，

将暴戾的麻子大臣活捉生擒。

反剪其四肢，

拴在赛力罕·塔卜克宝通

白马的尾巴上，

贴着岩石的石棱，

沿着树丛的树根，

拖得他魁梧的身躯，

只剩白骨——皮肉磨净。

铁臂勇士萨波尔，

艾日斯图的哈日宝通，

将哈日·托博图可汗的军队

包抄驱赶，

让他们跪在江格尔可汗的脚下叩头，

——立下百年的誓言，

忏悔六年的过失，

——屈膝投降。①

---

① 宝音和西格、托·巴达玛搜集整理，霍尔查译：《江格尔》，新疆人民出版社 1988 年版，第
511—513 页。

《江格尔》是弘扬爱国主义、英雄主义精神的大型史诗。故事曲折感人，语言朴实无华，以江格尔为首的英雄为捍卫美好家园而浴血奋战的精神和可亲可敬的形象，使史诗具有了代代相传、永不衰竭的生命力。《江格尔》是一部鸿篇巨制，翻译起来难度大，目前在国外仅有史诗片段的翻译，国外读者不能了解《江格尔》的全貌，目前急需将整部史诗译介到国外。

五　达斡尔族典籍

达斡尔族主要聚居在内蒙古自治区和黑龙江省，少数居住在新疆塔城县，人口 13.1992 万。达斡尔族人民以渔猎和农业为主，渔业较发达。达斡尔族有本民族语言，但无文字。

达斡尔族最具代表性的典籍当属乌钦体叙事长诗《少郎与岱夫》。乌钦为达斡尔族口传文学的重要体裁，也称"乌春""舞春""乌琼"或"乌琴"，由开篇、正文和结尾三部分组成。除开篇和结尾需对仗工整外，正文一般采用长短句的形式，四句为一段落。《少郎与岱夫》根据真实历史事件创作，讲述的是 1917—1919 年间少郎和岱夫兄弟俩组织发动的达斡尔族农民起义事件。因为是口传文学，故《少郎与岱夫》版本较多，目前主要有六部异文本，一万余行，分别整理发表在《黑龙江民间文学》第 3 集和第 10 集上。2002 年，民族出版社又结集出版。

《少郎与岱夫》浓墨重彩地塑造了少郎和岱夫两个机智勇敢的英雄形象，表达了达斡尔族人民对这两位起义英雄由衷的赞美和崇敬之情，第一部中讲道：

> 说少郎岱夫是好汉呐耶，
> 说带来八百神兵将；
> 说大火烧了三昼夜尼耶，
> 说火烧响窑血水淌。
>
>
> 说少郎到处舍金钱呐耶，

说岱夫过处送米粮；
说少郎专杀恶百音尼耶，
说岱夫专夺巡警枪……

消息传到罕伯岱呐耶，
达斡尔老少赞少郎；
消息传到督军府尼耶，
督军府里乱慌慌。

好汉们城里看动静呐耶，
夜晚住在穷人炕头上。
饿了饭店饮白干尼耶，
闷了花园歇荫凉。

正是少郎在城里呐耶，
大帅派兵下了乡；
江西各屯剿几遍尼耶，
不见少郎在哪方。

正是官兵回城日呐耶；
少郎回马又下乡；
嫩江两岸驰战马尼耶，
杀富济贫名声扬。

遇着巡警打杠子呐耶，
巡警就得一命亡；
遇着百音欺百姓尼耶，
百音大院准遭殃。

穷人缺钱他给钱呐耶，

穷人没饭他送粮；

穷人盼着少郎到尼耶，

编出"乌钦"唱少郎。①

《少郎与岱夫》歌颂了达斡尔族人民不畏强暴、坚持斗争的英雄精神。令人高兴的是，该叙事长诗已由张志刚等翻译为英语（民族出版社2012年出版）。我们期待着有更多的外语文本面世并真正推介进外国读者群之中，让广大的外国读者领略少数民族文学典籍的风采。

六 鄂温克族典籍

鄂温克族主要分布在黑龙江省讷河县和内蒙古自治区。鄂温克意为"住在大山林里的人们"。鄂温克人现在主要以放牧为生，驯鹿曾是鄂温克人最重要的交通工具，被誉为"森林之舟"。鄂温克族有本民族语言，但无文字。

鄂温克族没有篇幅宏大的典籍存世，流传下来的都是些短小精悍的神话传说、民间故事，主要辑录在王士媛、马名超、白杉等收集、整理的《鄂温克族民间故事选》（上海文艺出版社1989年版）中，共有75篇，内容涵盖创世神话、萨满神话、英雄神话、自然神话、图腾神话、民间故事等。通过这些神话传说、民间故事，我们可以大致了解鄂温克族的生活、生产环境、族源关系、宗教信仰、与自然的关系、民族关系、文化习俗等。如，关于人的由来的传说，就反映了鄂温克族先民以狩猎为生的生活方式，鄂温克人民热爱大自然、尊重生命、与其他生物和谐相处的朴素意识以及对未来美好生活的憧憬：

很久以前，有个名叫保鲁痕巴格西的天神，他用地面上的泥土，捏成一个一个人和生灵万物的模样。从此，世间有了人类和万物。可

---

① 沃岭生主编：《少郎和岱夫》，民族出版社2002年版，第178—179页。

是，捏来捏去，很快就把眼前的泥土全用光了。保鲁痕巴格西知道还有大堆的泥土，只是被压在一个名叫阿尔腾雨雅尔的大龟的身子底下。阿尔腾雨雅尔是个很有法力的神物，天神都不敢去惊动它。保鲁痕巴格西更加不忍心，因为他生性慈和，从不肯轻易去伤害世间的任何一个生灵。

正当天神左右为难的时候，从东边出太阳的地方，跑来一位骑长鬃大马、背负弓箭的尼桑萨满。他俩一见面，尼桑萨满就问天神："你在做甚么呢？"

"我正在造人和万物呢。可是，泥土都用尽了。还有大量有用的泥土，被压在阿尔腾雨雅尔巨大的身躯底下，你能叫它挪动一下吗？"

尼桑萨满早有明察，便告诉天神道："我有法子叫它离开，咱俩一起合力去造人和万物吧。我这里有宝弓神箭，再凶恶的邪魔都怕它，如果阿尔腾雨雅尔不肯离开，就把它杀掉！"可是，保鲁痕巴格西天神，不光是自己不杀生，也忍不得别的神主这样做，就对尼桑萨满恳求说：

"只叫它动一下身子，别伤害他的性命吧！"尼桑萨满依从了慈祥天神的嘱咐。

英武的尼桑萨满驾上闪电般的白马，奔到阿尔腾雨雅尔伏卧酣睡的地方，卸下雕弓，搭上一支羽箭，猛地向大龟射过去，这时，忽扇扇一阵风声，连天地日月都抖颤起来，神箭驰过去，破了神龟的护身法力，深深射进了阿尔腾雨雅尔的后部颈项。曚眬中猛挨一箭的神龟眨眼间就四脚朝天，一下昏晕过去了。这一来，保鲁痕巴格西天神就从神龟挪动过的身底的夹缝里，得到了像山一样堆积着的无尽泥土。尼桑萨满威慑了神龟，命它撑开四只脚擎住苍天，不准它动一动。于是，天神便又日夜不息地造人和万物了。

从那个时候起，人慢慢多了起来，世上的万物也越来越多，越造越全，人类一天天变得和美。①

---

① 王士媛、马名超、白杉编：《鄂温克族民间故事选》，上海文艺出版社1989年版，第16—17页。

将《鄂温克族民间故事选》翻译为各种外语，向外传播中华民族和谐、和平、共同发展的理念，具有重大的战略意义。

七　鄂伦春族典籍

鄂伦春族主要分布在内蒙古自治区呼伦贝尔盟鄂伦春自治旗、布特哈旗，以及黑龙江省呼玛、爱辉、逊克、嘉荫等县，人口 8659 人。新中国成立前，鄂伦春族还处于原始社会，20 世纪 50 年代后，鄂伦春人开始走出森林从事农耕和工业。鄂伦春族有本民族语言，但无文字。

"摩苏昆"是鄂伦春人民在漫长的游猎生活中创造出来的、独具特色的民族艺术。摩苏昆为鄂伦春语，意为"说一段，唱一段"，一般为一人表演，无乐器伴奏，故事情节细腻传神，有英雄故事、神话故事、爱情故事和苦难的生活故事等。最具代表性的摩苏昆为《英雄格帕欠》，分 31章，八万余字。《英雄格帕欠》表面上讲述的是格帕欠复仇的故事，其实所反映的是父系氏族社会部落之间的战争。格帕欠是猎人和鱼精所生的儿子，在格帕欠小时候，魔鬼犸猊将其父母掠去。他神奇地迅速长大成人，得神鸟、宝马相助，后又赢得了其他部落许多英雄的信赖和支持，最终打败犸猊家族。《英雄格帕欠》语言精练、流畅、通俗、幽默，善于运用夸张、排比、比喻、比拟、借代等修辞手法，表现了较高的艺术水准。如描写格帕欠与犸猊初次交战的一个场景：

　　格帕欠又举起弓箭，对准犸猊的脑门，谁知箭还未出手，粗长尖头的大圆木直冲过来，躲闪已经来不及了。这时宝马甩头把主人撞在一边，然后飞起后蹄猛地一挡，"咣咣——"一声巨响，尖头圆木在半空调头，尖头直朝犸猊扎去。犸猊躲闪不及，嗷地一声大叫，刺倒在地不说，肚皮戳出个大窟窿，顺豁口滚出一大堆肠子和血油。犸猊这回可被激怒啦，嗷嗷大叫，把陡山震得稀啦哗啦如海响。它两只大手掌不停地忙呵开了，把肥肠大把大把地塞进肚皮，抓大把大把的沙土糊死肚皮，累得呼哧呼哧的，气得蚩嘘蚩嘘的，瞪着桦皮盆大的眼珠子，恨不得把猎手咬个稀碎，生吞活咽才好受。乘这个空子，格帕欠一边瞄准，一边讥讽地唱：

库雅尔，库雅尔，

库雅尔库雅若。

用箭给你抓虱子，

你觉得舒服极了吧？

用箭给你挠痒痒，

你觉得非常好受吧？

你若是还不过瘾，

再扔过来大石头吧。

你若是还没解闷，

再抛过来大粗圆木吧。

你若是受不住了，

自个儿把心挖出来吧。

你若是太难受了，

自个儿把魂送过来吧。

我的宝刀还没用上呢，

我的宝剑还没试过呢。

你要是不愿再动，

可真是扫了我的兴！

站稳了吗老犸狨？

我再替你抓虱子吧。

站直溜了吗老犸狨？

我再替你挠痒痒吧。

库雅尔库雅若，

库雅尔库雅若。①

① 中国民间文艺研究会黑龙江分会：《黑龙江民间文学第 17 集：鄂伦春民间说唱、叙事歌专集之一》，内部刊印 1986 年版，第 212—213 页。

摩苏昆语言生动诙谐，感染力极强，具有重要的娱乐和教化手段，将其译介出去，对于外国读者了解和感受我国丰富多彩的民族文化，增强认同感，意义重大。

第二节　西北地区少数民族典籍"走出去"选题规划

西北地区主要聚居着回族、东乡族、土族、撒拉族、保安族、裕固族、维吾尔族、哈萨克族、柯尔克孜族、锡伯族、塔吉克族、乌孜别克族、俄罗斯族和塔塔尔族 14 个少数民族。需要说明的是，我国俄罗斯族是俄罗斯人于 19 世纪末 20 世纪初为躲避战乱，迁入我国新疆境内形成的一个少数民族，是我国最年轻的少数民族。至今我国有些俄罗斯族群众仍在同俄罗斯境内的亲友走动。由于迁来我国的时间不长，我国俄罗斯族当中尚无典型的、带有中华传统文化符号的典籍产生。故我们未将俄罗斯族纳入选题规划之中。

一　回族典籍

回族主要分布在宁夏回族自治区，同时，也是我国少数民族中散居全国、分布最广的民族，人口 1058.6087 万。回族以汉语作为本民族的语言，但保留了一些阿拉伯语和波斯语词汇。《回回原来》《马五哥与尕豆妹》和《海药本草》应为首批"走出去"的回族代表性典籍。

《回回原来》是回族文学史上第一部成书的民间文学典籍，体裁为小说类诗话体。《回回原来》讲述的是伊斯兰教传入中土大唐的故事，通篇充满着伊斯兰教宗教气息，是伊斯兰教教义文学化的产物，体现了回族人民的聪明才智。《回回原来》对于研究伊斯兰教的向外传播，极具史料价值。著名史学家白寿彝曾谈道："今试展诵《回回原来》，虽其荒谬怪诞，出乎常理，然徒以其传述回教入中国之故事，读者莫不悠然神往。斯时，吾固风险追求历史之欲望，跃跃于读者之肺腑，可以穿胸臆而与吾人相见。"①《回回原来》大意为：唐太宗梦见一缠头（头上缠着锦帛者）追赶着妖怪闯入宫中。大臣解梦，告诉唐太宗，该勇士为来自西域哈密国的真人，夜梦缠头，意为扶助大唐。唐太宗于是派人将西域哈密国真人噶心请来，二人在朝廷上就伊斯兰教教义展开反复论辩。最后，唐太宗被说服，封噶心为"钦天监"、伊斯兰教为"正教"，命噶心留下来传播伊斯兰教，并以 3000 唐兵与 3000 回回兵交换，遂繁衍成"回回一族"。《回回原来》披着诗话体小说的外衣，其实大部分篇幅都在阐释伊斯兰教教义，如书中对"清""真"的阐释（原文为毛笔抄录，无标点。标点符号为著者所加）：

唐王曰："尔教何为清？"缠头答曰："一尘不染，万渣俱净，归主一本，洁如渣水，明如满月。俱万物轻清者，为贵重；浊者，为贱。此吾教取清者之意也。"缠头吟诗曰：

"清玄上冲斗牛官，下玄明月照九重。

清边降下三点水，风调雨顺百草生。

清天月水谁造化，月水清玄主大能。

有人参透主水月，开云见日宇宙清。"

唐王曰："尔教何为真？"缠头答曰："言无虚假，行无伪诈。主以真言教人，人以真心认主，循世以行。臣事君，为真忠；子事父，为真孝。世人一是一切往来，酬酢者皆真。听吾取真之意也。"遂吟诗曰：

"真主真命立清真，真圣真传真行尊。

真圣真恩真造化，真山真海真乾坤。

真君真臣安天下，真经真理训黎民。

真圣真言传真教，真心真学入真门。"

唐王闻言甚喜，遂曰："清真可谓正教矣。"②

---

① 白寿彝：《评〈中国回教史之研究〉》，白寿彝主编《民族宗教论集》，河北教育出版社 2001 年版，第 369 页。

② （清）鲍闲庭抄录：《回回原来》，天津古籍出版社 1987 年版，第 43—45 页。

《回回原来》处处体现着回族人民强烈的民族自尊心、自信心和自豪感，而且还是民族团结的典范，该书开篇即写道：

> 只因唐王一夜梦，移来三千立根基。
> 敕封掌印钦天监，安居中原天地齐。
> 深感唐王雨露重，至今保国更无移。①

这是回族人民爱国主义的集中体现。

《马五哥与尕豆妹》是回族民间叙事长诗，约 360 行，歌唱的是发生在清朝光绪年间回族人民的爱情故事。青年马五与尕豆相爱，二人私订终身。但恶霸马七五看上了尕豆，将尕豆硬抢到家中，嫁给自己 10 岁的儿子尕西木。后来马五深夜偷偷跑到尕西木家与尕豆相会，不料惊醒了尕西木。二人惊慌之中用被子将尕西木捂死。马七五买通官府，将马五和尕豆妹双双斩首。长诗大量运用类比、比喻，语言生动形象，极具艺术魅力，如诗中描写二人初恋的一个片段：

> 河州城里九道街，
> 莫泥沟出了一对好人才。
>
> 阳洼山上羊吃草，
> 马五哥好比杨宗保。
>
> 天上的星宿星对星，
> 尕豆妹赛过穆桂英。
>
> 大夏河水儿四季清，
> 少年里马五哥是英雄。

---

① （清）鲍闲庭抄录：《回回原来》，天津古籍出版社 1987 年版，第 1 页。

一片青草万花儿开，

女子中的尕豆妹是好人才。

马五哥放羊者高山坡，

尕豆妹担水者河边里过。

"马五阿哥你站下，

你的模样儿我看下。"

马五阿哥站下了，

尕豆妹把模样儿看下了。①

《海药本草》是我们第一部专门研究外来药物的药学典籍，所论的药物，大多数来自海外，少量由海外移植到我国南方。《海药本草》为唐末五代时回族先民李珣所撰。原书已失传，但存世的《重修政和经史证类备用本草》《经史证类大观本草》《本草纲目》《蟹谱》《香谱》等书中有大量对《海药本草》的引用。尚志钧先生耗费时日，将上述书目中引用《海药本草》的内容辑录成册，恢复了《海药本草》的大致面貌。《海药本草》共六卷，将药物分为玉石、草、木、兽、鱼虫、果米 6 类，记载药物 131 种。《海药本草》详论药物形态、产地、品质优劣、真伪鉴别、采收、炮制、性味、主治、附方、用法、禁忌等，如玉石部对"金屑"一药的记载：

按《广州记》云：出大食国，彼方出金最多，凡是货易，并使金钱。性多寒，生者有毒，熟者无毒。主癫痫，风热上气咳嗽，伤寒，肺损吐血，骨蒸，劳极渴，主利五脏邪气，补心，并入薄于丸散服。《异志》云：金生丽水。《山海经》说：诸山出金极多，不能备

---

① 李树江主编：《回族民间叙事诗集》，宁夏人民出版社 1988 年版，第 1—2 页。

录。蔡州出瓜子金，云南山出颗块金，在山石间采之。黔南遂府吉州水中并产麸金。又《岭表录异》云：广州含洭县有金池，彼中居人，忽有养鹅鸭，常于屎中见麸金片，遂多养收屎淘之，日得一两或半两，因而至富矣。①

《海药本草》不仅仅展现了我国古代的药物学成就，而且呈现了我国古代的对外文化交流情况。将该书译介到中亚、南亚以及西亚各国，通过书中记载的大量外来药物名称和外国地名，可以让这些国家的读者了解我国古代通过"丝绸之路"与中亚、南亚以及西亚各国之间的文化交流和贸易关系，增强上述国家人民对我国的文化认同。

二　东乡族典籍

东乡族主要分布在甘肃东乡族自治县，少数散居在甘肃兰州市和广河、和政、临夏等县及新疆伊犁地区，人口 62.15 万。东乡族有本民族的语言，但没有文字。大多数东乡族人都兼通汉语，通用汉文。

东乡族最具代表性的典籍当推叙事长诗《米拉尕黑》。《米拉尕黑》为说唱体长诗，500 多行，形式自由，中间换韵较多。《米拉尕黑》深受东乡族人民喜爱，数百年来口耳相传，经久不衰。

《米拉尕黑》描述的是米拉尕黑曲折动人的爱情故事。米拉尕黑和他心爱的姑娘玛芝璐即将成婚之际，外敌入侵，边关告急。米拉尕黑以国家利益为重，决定应征入伍，去康图巴乍作战。临行时，他送给玛芝璐半面"月光宝镜"作为记首（信物）。后来，战争结束，在庆功宴当晚，米拉尕黑却病倒了，并一连做了三个奇怪的梦，一位看护仙果园的老人伍宦姆为他解梦——远在故乡的未婚妻被强盗逼亲。于是，他按老人的指点，攀上云滩，找到雪马，日行千里，及时回到故乡，智斗强盗，夺回心爱的玛芝璐，有情人终成眷属。下面一节为描写米拉尕黑不畏艰难，寻找雪马的场景：

---

① （五代）李珣原著，尚志钧辑校：《海药本草》，人民卫生出版社 1997 年版，第 5 页。

要摘云彩不怕高，
要找雪马不怕刀；
刀刃刃上挨疼肠，
断了筋骨也要找。

悬崖上怪石叠岩，
脚勾石缝往上蹿；
悬崖上藤条缠树干，
手攀树干脚踩悬。

崖上的歪松八丫杈，
一杈一杈往上爬；
攀上鹰窝缓口气，
一只大雕猛扑过来露凶气。

双腿一盘往下滑，
倒悬树枝崖背上挂；
攀崖正缺个登山钩——
满弓利箭一声响，
射落了尖尖的雕爪当钩搭。

阴崖嘴石头上长蘑菇，
攀上了岩洞见绿珠；
发光的绿珠忽蠕蠕动，
亮出毒蛇的两只绿眼睛。

毒蛇折身张血口，
蛇穴洞里稳身下；
登崖正缺个攀山绳——

满弓利箭二声响，
抛起长长的死蛇当攀绳。

"钩搭""攀绳"拿在手，
攀山如像登土梯；
攀崖攀到石豁头，
又来崖背的虎狼口。

虎吼一声如炸雷，
雷声震得山发抖；
攀崖缺个虎皮披肩挡荆棘——
满弓利箭三声响，
飞箭射穿虎咽喉。

火看空心人看实，
白云滩上见实心；
风吹草动惊雪马，
马叫一声裂长空；
米拉尕黑抖精神，
灵性的雪马迎主人。①

《米拉尕黑》内容丰富，情节感人，反映了东乡族人民乐观、豁达、不畏强暴、追求自由和幸福生活的斗争精神。

三 土族典籍

土族主要分布在青海省互助土族自治县、民和县、大通县、同仁县等地，少量散居在青海省乐部、门源和甘肃天祝等地，人口 28.9565 万。土

---

① 马自祥：《东乡族文化形态与古籍文存》，甘肃人民出版社 2000 年版，第 230—232 页。

族有本民族语言，但无文字。

《拉仁布与且门索》是土族流传最广、艺术价值最高的叙事长诗，共 500 多行。因为方言发音的不同，该长诗在土族不同地区又称《拉龙布和奇门措》《拉仁布与琪门索》《拉仁布与吉门索》《拉仁布与拉仁索》《拉仁保和且门索》和《拉仁宝与戚门索》等，但叙述的故事情节大同小异。

《拉仁布与且门索》堪称土族的"梁山伯与祝英台"，讲述的是牧民拉仁布和牧主的妹妹且门索的爱情悲剧。二人在放牧劳动过程中建立起了纯真的感情，结拜为夫妻。但财迷心窍的且门索兄嫂对这门婚事百般阻挠。且门索的哥哥甚至化妆成妹妹的模样，藏到拉仁布的住处，将放牧归来的拉仁布刺死。在火葬拉仁布的时候，他的尸体怎么都烧不化，且门索知道拉仁布是在牵挂自己，遂纵身跳入火海殉葬，瞬间二人化为灰烬。狠心的哥哥把二人的骨灰埋在大河的两岸，三年后，两岸各长出一棵树，两棵树冠在河上空变成了连理枝。且门索的哥哥又把两棵树砍倒当柴烧，熊熊火苗中飞出一对鹁鸪鸟，双双飞向二人曾经放牧的草滩、山坡。《拉仁布与且门索》大量运用比兴的手法，语言生动丰富，字里行间洋溢着浓浓的真挚感情，如诗中描写二人结拜的场景：

> 沟里的哥哥呀拉仁布，
> 滩里的妹妹呀且门索，
> 拉仁布呀且门索，
> 唱着曲儿面对面笑。

> 拉仁布呀且门索，
> 万丈高山挡不着，
> 且门索呀拉仁布，
> 千条深沟挡不住。

> 拉仁布呀且门索，

唱着曲儿面对面笑，

高山挡不住哥和妹，

深沟挡不着妹和哥。

不怕它山高高万丈，

我两个手拉手儿一块上，

攀到阴山折柏香，

折来柏香好煨桑。

攀到阴山折堪巴（白花），

煨桑的时候少不了它，

堪巴柏香一块放，

我两个肩靠肩儿来煨桑。

黑牦牛帐篷张起来，

四条金柱竖起来，

四角牵扯龙须绳，

牢牢钉住在地上。

三块石头支起来，

红铜锣锅上边搭，

锅里倒下珍珠水，

开水上下打滚翻。

倒在瓦罐里泡砖茶，

里边放把晶盐巴，

洁白的牛奶倒一勺，

端起奶茶献神佛。

四面八方转三转，

四面八方拜三拜，

面对蓝天发誓愿，

咱两个死活不分散。[①]

《拉仁布与且门索》生活气息浓厚，描写了土族人民的各种生产、生活场景，如煨桑、制作奶茶等；同时又极富浪漫主义色彩，通过化树、化鸟，表现了土族人民对自由和美好爱情的向往。

四　撒拉族典籍

我国撒拉族最初由中亚土库曼斯坦东迁而来，目前主要分布在青海省循化撒拉族自治县，少量散居在甘肃省、新疆维吾尔自治区等地，人口13.0607 万。撒拉族信仰伊斯兰教，有本民族语言，但无文字。

撒拉族最宝贵的典籍为珍藏于青海省循化街清真大寺的《古兰经》，是我国迄今为止发现的最古老的《古兰经》手抄本，全书 30 卷，867 页。这部《古兰经》用阿拉伯文抄写，是撒拉族先民从土库曼斯坦的马雷州撒尔赫斯，经由撒马尔罕带到我国的。2004 年 11 月，经时任国家领导人贾庆林、李长春批示，要求对撒拉族的这部传世《古兰经》实行就地保护。它不仅是撒拉族的宝贵典籍，也是中国伊斯兰教珍贵的历史文物，是中华民族优秀文化遗产的组成部分。将这部古老的典籍翻译成多种外语，让全世界共享人类优秀的文化遗产，必定会赢得世界其他地区人民的认同和尊重。

五　保安族典籍

保安族主要分布在甘肃、青海交界的积石山下，少数散居在甘肃临夏回族自治州各县和青海省的循化县，人口 2.0074 万。保安族有本民族语

① 青海师范学院中文系等收集整理：《青海民族民间文学资料：土族文学专集（二）》，中国民间文艺研究会青海分会编印 1979 年版，第 129—131 页。

言，但无文字，大多数保安族通汉语，使用汉字。保安族主要从事农业、手工业，以打刀为主，"保安刀"工艺精湛，十分著名。

保安族的宴席曲具有浓郁的民族特色，是在婚庆宴席场合表演的一种艺术形式。宴席曲分散曲、说唱曲、叙事曲等，内容有"赞歌""欢歌""苦歌""出嫁歌""丧歌"等。宴席曲《满拉哥》可作为向外译介保安族文化的代表性典籍。

《满拉哥》是一首叙事长曲，有200余行，讲述的是麦丽燕的丈夫满拉哥在清真寺里不幸病逝之后，麦丽燕对丈夫的思念之情。叙事曲通过对夫妇二人生活细节的一件件述说，以悲戚的语调表达了保安族女性诚实美好的品德和真挚、深厚的夫妻感情。如其中的一个片段：

> 白丝布的袜子双捻头的鞋呀，
>
> 我做了一双是你穿一双呀，
>
> 我再做一双是没人穿呀，
>
> 我的满拉哥哟！
>
> 青市布绣花的兜兜谁系哩呀，
>
> 蓝市布的花袜底谁衬哩呀，
>
> 白扣线的号帽谁戴哩呀，
>
> 我的满拉哥哟！
>
> 大红的桌子三泡台的茶呀，
>
> 我倒一杯者喝一杯时，
>
> 再倒一杯是没人喝呀，
>
> 我的满拉哥哟！
>
> 四六的棉毡对铺上呀，
>
> 花花的被子捂一床时，
>
> 我坐在炕沿上等你哩呀，
>
> 我的满拉哥哟！
>
> 庄稼人的土炕窗前热呀，
>
> 我睡在里头的凉处时，

热地方给你留下者哩呀，

我的满拉哥哟！①

《满拉哥》细腻、深刻地表达了保安族人民坚贞不渝的爱情和对未来美好生活的憧憬。

六 裕固族典籍

裕固族自称"尧呼尔"（尧熬尔），是回鹘人的后裔。裕固族现在主要分布在甘肃省河西走廊肃南裕固族自治县，少量分布在酒泉市黄泥堡地区，人口1.4378万。按分布地区，裕固族使用三种语言：尧乎尔语、恩格尔语和汉语，无本民族文字，一般通用汉字。《尧熬尔来自西州哈卓》和《黄黛琛》应为首批"走出去"的裕固族典籍。

《尧熬尔来自西州哈卓》依方言不同，也叫《尧熬尔来自西至哈至》《尧呼尔来自西州哈卓》等，是裕固族长篇叙事史诗，分九个章节，约400行。《尧熬尔来自西州哈卓》讲述的是裕固族先民的悲惨遭遇、彻底反思和民族觉醒的历程，可谓裕固族的苦难史。大意为：裕固族原来称为"尧熬尔"，住在一个叫"西州哈卓"的地方。由于新部落长多行不义，遭到外族的联合反击，整个民族濒临被灭亡的边缘。为了逃亡，部落长命令杀掉拖累行程的所有老人和孩子。一位姑娘没有执行命令，将自己年迈的父亲藏进骆驼羔皮袋内。这位老人运用自己的智慧，指引死亡线上的尧熬尔儿女摆脱追兵、排除艰难险阻、在血雨腥风中一路东迁，从黑暗走向光明，从死亡走向新生。史诗所蕴含的哲理，至今仍具有强烈的现实意义——穷兵黩武、称王称霸，必然没有好下场。

说着唱着阿尼尕尔才知道了：

尧熬尔来自西州哈卓远方。

部落的强盛酿成灾难，

---

① 马克勋：《保安族文学》，甘肃人民出版社1994年版，第127页。

欺辱异族孕育着民族的灭亡。

奴隶们谁不愿意安静地生活！
野心却使部落长头昏发狂。
任意杀掉异族的奴隶和牛羊，
显威的刀子激怒了邻邦。

大地被黑云压得透不过半缕阳光，
一阵腥风撕破了尧熬尔的帐房。
狂风卷走了无辜的牛羊，
沙丘上林立着敌人复仇的刀枪。

部落里顿时失去了吉祥，
尧熬尔不得不举刀抵抗，
部落长培育了恶果，
奴隶们不得不杀向战场。

美丽的故乡鲜花枯萎，
灿烂的太阳顿时收去了明亮；
刀剑相拼杀出万点火花，
分不清哪是星星哪是刀光。

血战中男儿们奋勇献身，
心火把故乡的泥土炽烫。
妇女们凝固在血浆之中，
婴儿还偎依着冰冷的母亲。

战驼背峰入地，
战马四蹄伸向天上；

战刀断裂片片，

尧熬尔面临着民族的灭亡。

没有弓箭就不能捕捉虎狼，

没有骆驼就不能在沙漠中游逛。

没有灯火谁敢在黑夜中奔忙？

尧熬尔不得不迅速离乡。[①]

　　整部史诗铿锵顿挫、真挚感人、催人泪下，充满着裕固族人民对民族战争的反思，以及对和平美好生活的渴望和向往。

　　《黄黛琛》是裕固族一部悲怆的叙事长诗，描写的是黄黛琛与苏尔旦的爱情悲剧，以唱为主、叙为辅。长诗由"歌头""爱情""逼婚""冤仇""屈死"和"尾声"六部分组成，约700行。大意为：美丽善良的姑娘黄黛琛与穷苦的牧人苏尔旦相爱，而部落长保尔威看上了黄黛琛的美貌，派"总圈头"（大管家）上门逼婚、抢亲。黄黛琛的父母兄嫂贪图钱财，向保尔威妥协。苏尔旦在保尔威抢亲途中，率朋友竭力相救，但因势单力薄、寡不敌众，最后被逼与黄黛琛双双跳入海子（湖）中。苏尔旦葬身湖底，黄黛琛被保尔威家奴救出。保尔威把黄黛琛放逐到300里外的地方放牧牛羊。一年后，黄黛琛将前来探望她的保尔威刺伤，但仍未逃脱保尔威的魔掌，最后跳井殉情。这部叙事诗，情节生动、语言优美、格调悲怆深沉，如其中的一个片段：

呵咾咿——

沙枣花被冰雹打落，

再不会散发出盖地的香气，

爱情的神鸟被狂风折断两翅，

再不能自由地比翼双飞。

---

① 安建均等编：《裕固族民间文学作品选》，民族出版社1984年版，第80—82页。

　　　　海子水卷起怒涛，

　　　　为黄黛琛鸣冤叫屈，

　　　　白天鹅惊飞天际，

　　　　给苏尔旦送去了噩息……

　　　　黄黛琛一路唱着悲愤的歌：

　　　　阿哥哟，

　　　　你在哪里？

　　　　快来救命哟，

　　　　救救你的黄黛琛。

　　　　阿哥哟，

　　　　你在哪里？

　　　　暴风撕碎了我的心，

　　　　乌云蒙上了我的眼。

　　　　阿哥哟，

　　　　你在哪里？

　　　　我的翅膀快被撕断，

　　　　我的羽毛也将落完。

　　　　阿哥哟，

　　　　你为何听不见？

　　　　雷声替我呐喊，

　　　　闪电为我劈难……①

　　《黄黛琛》是对强权专制、买卖婚姻制度血和泪的控诉，也体现了裕固族人民对自由的向往和强烈的悲剧意识。

七　维吾尔族典籍

　　维吾尔族主要分布在新疆维吾尔自治区天山以南，其余散居在天山以

---

① 安建均等编：《裕固族民间文学作品选》，民族出版社 1984 年版，第 111—112 页。

北的伊犁等地，少量居住在湖南桃源、常德等地，人口 1006.9346 万。"维吾尔"意为"团结""联合"之意。维吾尔族有本民族语言，文字系以阿拉伯字母为基础的拼音文字。新中国成立后，推广使用以拉丁字母为基础的新文字，现两种文字并用。

维吾尔族代表性典籍有《福乐智慧》《突厥语大辞典》和《乌古斯可汗的传说》等。《福乐智慧》为哲理性的劝谕长诗，在国外已有英、德、俄、土耳其、哈萨克、乌兹别克、吉尔吉斯等语种的全译本和日语、乌克兰语节译本。《突厥语大辞典》创作完成于 11 世纪，堪称维吾尔族一部百科全书式的巨著，在国外已有德、土耳其、乌兹别克等语种的全译本，以及阿塞拜疆、哈萨克、土库曼语节译本。接下来，我们认为，应着重推介《乌古斯可汗的传说》。

《乌古斯可汗的传说》也叫《乌古斯传》《乌古斯汗传》等，已流传1000 多年，为维吾尔族最著名的散文体英雄史诗，400 多行。史诗按内容可分为两部分，一部分讲述维吾尔族的创世神话和族源传说，以及古老的宗教信仰、民俗风情和自然崇拜，反映了维吾尔先民对自然、社会的朴素认识。其中有关乌古斯出世、蓝光诞女、树木生婴以及公狼带路的描写，表现了维吾尔族古老的创世和自然崇拜观念。而在木杆上挂银鸡、栓黑羊以消灾祈福，则是萨满宗教仪式；另一部分叙述了乌古斯可汗的征战活动，反映了维吾尔民族由小到大、由弱到强、由部落到部落联盟的发展历程。《乌古斯可汗的传说》语言生动形象、节奏鲜明、富有音乐感，现实的描述与富于浪漫色彩的神话、传说相互交织，浑然一体，如：

　　　　有一天，乌古斯可汗正在祈祷上天，
　　　　这时，夜幕降临了。
　　　　忽然，从天上降下一道蓝光，
　　　　这光比太阳还光灿，
　　　　比月亮还明亮。
　　　　乌古斯可汗走近一看，
　　　　蓝光中有一位少女，

独自坐着。

她是位非常漂亮的姑娘，

额上有颗亮晶晶的痣，

像北极星一样。

这少女如此的美丽，

倘若她要是笑的话，

蓝天也要笑；

倘若她要是哭的话，

蓝天也要哭。

乌古斯可汗看到她时，

就情不自禁地爱上了她，

于是娶了她，一起生活，

如愿以偿。

少女怀了孕，

一日日、一夜夜过去了，

她临盆分娩，

一胎生下三个男孩。

大孩子起名叫太阳，

二孩子起名叫月亮，

最小的孩子起名叫星星。①

《乌古斯可汗的传说》记述了维吾尔族先民的宗教信仰、习俗观念、生产生活方式，是研究维吾尔族历史、文化、语言、风俗的重要资料。

八 哈萨克族典籍

我国哈萨克族主要分布在新疆维吾尔自治区伊犁哈萨克自治州、阿勒泰、塔城地区、木垒哈萨克自治县和巴里坤哈萨克自治县，少数分布于甘

---

① 耿世民等编：《乌古斯可汗的传说》，民族出版社 1980 年版，第 17—18 页。

肃省阿克赛哈萨克自治县和青海省海西蒙古族哈萨克族自治州，人口146.2588万。"哈萨克"意为"避难者""脱离者"。哈萨克族有本民族语言、文字。

哈萨克族人民在其漫长的历史进程中，以口头传承的方式创造和发展了哈萨克族源远流长的民间文学，尤以叙事长诗最为典型。据不完全统计，哈萨克族共有250多部叙事长诗，最具代表性的为英雄叙事诗《阿尔帕梅斯》。

《阿尔帕梅斯》（《阿勒帕梅斯》）叙述的是英雄阿尔帕梅斯为保卫亲人、家乡和部落，而同卡尔马克人英勇斗争的故事，汉译本译作散文体，约七万字。故事发生在哈萨克族父系氏族社会末期，大意是：拥有万贯家财的富豪拜布尔夫妇早年无子嗣，只好收留一位奴隶的儿子乌尔坦为养子。拜布尔夫妇老年得神灵托梦，生下了阿尔帕梅斯。阿尔帕梅斯少年时就表现出与众不同，哪个孩子被他的手推搡一下，就会被摔死。长大成人后，阿尔帕梅斯独自一人去寻找自己的情侣古丽拜尔森，获悉卡尔马克人可汗卡拉满刚刚洗劫了古丽拜尔森的家乡。阿尔帕梅斯单枪匹马，战胜了卡拉满，迎娶古丽拜尔森返回自己的部落。回来后，发现卡尔马克人的塔依什科可汗抢劫了自己部落的牲畜。阿尔帕梅斯立刻出征去讨伐塔依什科。塔依什科派女妖用计活捉了阿尔帕梅斯，阿尔帕梅斯刀枪不入、火烧不死，塔依什科只好把他打入地牢，想饿死他。阿尔帕梅斯在地牢里被关押了七年后，被牧羊人救出。阿尔帕梅斯逃出地牢，一举打败了塔依什科。阿尔帕梅斯再次回到家乡后，发现自己的义兄乌尔坦反叛，部落亲人遭受大难。阿尔帕梅斯用计杀死了乌尔坦，解救了亲人，拯救了部落。该叙事史诗塑造了一个不畏强暴、顶天立地的哈萨克英雄形象：

　　阿尔帕梅斯已经杀红了眼。他手持寒光闪闪的大刀冲入敌阵，在密集的兵马之间左右拼杀，直杀得卡尔马克人只有招架之功，而无还手之力。宝马拜舒巴尔在与敌人周旋之中，奔跑得汗水津津、气喘吁吁，施展出了非凡的体能。

　　这时，被阿尔帕梅斯吓得丢魂丧胆的卡尔马克人，仔细定睛一看，发现杀来的只是一名单枪匹马的莽汉。于是，他们又壮起了胆子，操起了弓箭。顷刻之间，数千只利箭从四面八方，朝着阿尔帕梅斯遮天蔽日地飞射而来。此时，一种十分奇异的现象突然出现了：当几千支暴风雨般呼啸而来的利箭，触到阿尔帕梅斯身上时，竟然都被折断在地，而阿尔帕梅斯却不曾受到任何伤害。因何会出现这种奇迹？原来在阿尔帕梅斯只身冲入敌阵之后，万能的真主为了他的安全，向这里派来了四十只神奇的金翅大鹏鸟，它们无影无形地汇集在阿尔帕梅斯身旁，并用它们那巨大而坚毅的金翅，把这位年轻英雄团团围裹了起来使他免受伤害。这时，卡尔马克士兵蜂拥着冲杀而来，当他们看到阿尔帕梅斯安然无恙时，竟惊愕得呆若木鸡。卡尔马克人本想像捉拿羔羊一样把阿尔帕梅斯活拿生擒、缚入囚牢。可是，他们的美梦顷刻之间变成了泡影，得到的只是死一般的恐惧。看到这种情况，一位卡尔马克大将惧怕得抱头鼠窜，其周围的大批人马也犹如惊炸了的群羊随之四散溃逃。

阿尔帕梅斯额头上渗出了汗水，炽烈的怒火在胸中燃烧。他马不停蹄，身不解甲，继续向残敌冲杀而去。[①]

《阿尔帕梅斯》热情讴歌了哈萨克族人民热爱自己的土地、亲人、部落，不畏强暴、不甘欺压与蹂躏，勇于反抗侵略的英雄精神，也鞭挞了卡尔马克人发动侵略的不义，揭露了女妖、乌尔坦与民为敌、欺凌弱小的丑恶。《阿尔帕梅斯》表达了哈萨克族人民热爱自由、和平与安定的美好愿望。

九　柯尔克孜族典籍

柯尔克孜族大多数分布在新疆南部克孜勒苏柯尔克孜自治州，其余分布在乌什、阿克苏、莎东、英吉沙、塔什库尔干等地，还有一部分居住在黑龙江省富裕县，人口 18.6708 万。"柯尔克孜"为本民族自称，意为

---

① 王景生、胡南译：《阿尔帕梅斯：哈萨克族英雄史诗》，民族出版社 2000 年版，第 35—36 页。

"四十个姑娘"，也有解释为"四十个部落""山里放牧人"或"草原人"等。柯尔克孜族有本民族语言、文字。

《玛纳斯》是柯尔克孜族最著名的史诗，也是我国少数民族三大英雄史诗之一。《玛纳斯》共八部，23万多行，以曲折动人的情节、凝练优美的语言、栩栩如生的形象，生动地描绘了玛纳斯家族祖孙八代人反抗异族侵略、保卫家乡和柯尔克孜族人民渴望安宁生活的主题。玛纳斯是柯尔克孜人民心中的英雄，是民族精神的化身，他爱憎分明、气宇昂然、知难而进、百折不回、英勇抗暴，终生为本民族的利益而战：

> 不久，节迪干尔遭难的消息频传，
> 这些消息使人们惊慌不安：
> "从奥波里山的西边，
> 直至阿富汗的边境线，
> 游牧于这儿的柯尔克孜，
> 被秦阿恰赶到乌尔干奇河畔。
> 居住在这儿的阿昆汗，
> 年年月月要向秦阿恰交税纳款。
> 驼马牛羊被掠夺一空，
> 男女老幼，叫苦连天。
> 秦阿恰依仗空吾尔的威势，
> 在这儿作威作福，使生灵涂炭。
> 他又率领大军，亲自出马，
> 从呼罗珊直至库姆什、布拉克，
> 掳掠了节迪干尔的一千户人家，
> 血泪染红了辽阔的草原！"
> 听到这惊心动魄的噩耗，
> 好比吞饮了死神的苦药；
> 玛纳斯辗转反侧，彻夜难眠，
> 决定出师把秦阿恰征讨。

　　玛纳斯请来四十勇士，

　　把出征的事情细细商量。

　　一千峰骆驼驮上刀枪弓箭，

　　一千峰骆驼驮上征衣食粮。

　　四百八十人的雄壮队伍，

　　跨上战马，像鸟儿飞翔。

　　经过了卡拉卡里帕克人的家园，

　　穿越了塔吉克和朱达人的地方。

　　当傍晚羊群归圈的时候，

　　玛纳斯的队伍扎下了营帐。①

　　《玛纳斯》在形成、演绎过程中，融汇了柯尔克孜族大量的民间谚语、歌谣、民间故事、神话传说、萨满宗教传统、迁徙路径、古代中亚、新疆各民族的分布及民族关系，以及柯尔克孜人民饮食起居、婚丧习俗、武器制造、生产工具加工等生活、生产的画面。《玛纳斯》不只是一部宝贵的文学遗产，也是柯尔克孜族历史、语言、文化的一部百科全书。

十　锡伯族典籍

　　锡伯族最初居住在呼伦贝尔大草原和嫩江流域，18 世纪中叶西迁至新疆察布查尔等地，现多数分布在新疆察布查尔锡伯自治县和霍城、巩留等县，少量散居在东北的沈阳、开原、义县、北镇、新民、凤城、扶余、内蒙古东部以及黑龙江省的嫩江流域，人口 19.0481 万。锡伯族有本民族语言、文字，兼用汉语。

　　锡伯族最具代表性的典籍为《西迁之歌》，是一部描绘锡伯族人民西迁的伟大史诗。在 18 世纪之前，锡伯族人民世代生活在松嫩平原和呼伦贝尔大草原上。1764 年，清政府从盛京（沈阳）等地征调锡伯族官兵

---

① 刘发俊、朱玛拉依、尚锡静翻译整理：《玛纳斯　第一部》（下卷），新疆人民出版社 1991 年版，第 580—582 页。

1020 人，连同随军家属共 3275 人，西迁至新疆的伊犁地区进行屯垦戍边。这一年的农历四月十八日，西迁新疆的锡伯人和留居东北的锡伯族男女老少，聚集在太平寺，祭奠祖先，聚餐话别。从此以后，这一天就定为锡伯族的西迁节，每逢农历四月十八日，锡伯族人民都隆重开展各种纪念活动。

锡伯族民间诗人管兴才于 20 世纪 50 年代根据锡伯族民间流传的迁徙歌编写成史诗《西迁之歌》，原诗为锡伯语，后由佘土肯翻译为汉语。锡伯族的西迁，是在交通工具非常落后、道路多险阻、自然条件恶劣的情况下进行的，如史诗中写道：

> 遥远的伊犁卡伦望不到头，
> 远征的队伍日夜兼程走得急，
> 头顶炎热腹中饭糒如草，
> 风剑霜刀里人畜积劳成疾。

> 戈壁之路迢迢四十个驿站。
> 沙丘起伏的征途真够累死，
> 酷暑的骄阳焦灼了枯萎的蒺藜，
> 烈日烙着的沙石磨破了牛蹄。

> 茫茫的大漠扬起漫天尘埃，
> 狂风挟着雨雪飞沙走石；
> 单薄的衣衫早已破烂不堪，
> 只好用麻片裹着疲惫的躯体。

> 饥寒交迫使孕妇途中早产，
> 裸身嗷啼的婴儿命在旦夕，
> 割下路边的枯草当襁褓，
> 干瘪的奶头哪能咂出乳汁！

车辚辚，夜夜风餐露宿，

路漫漫，日日劳累已极，

未到卡伦身先死者长已矣，

清冷的月光里唯有纸幡在飘曳。

逶迤的队伍发出饥饿的呻吟，

心中的愁云凝聚得如此浓密，

吃完了树皮采集难得的乌珠木耳，

谢天谢地勉强填充饥肠辘辘的肚皮。

啊！翻越了高耸入云的杭爱山，

跋涉那河水纵横的乌里雅苏台草地，

穿过了朔风凛冽的科布多，

又往冰雪封冻的塔尔巴哈合进发。①

《西迁之歌》是锡伯族人民爱国主义精神的写照。一心效忠国家的锡伯族军民冒酷暑，顶严寒，风餐露宿，以顽强的毅力，忍受着长途跋涉中的艰难困苦，日夜兼程，八个月行程万余里，终于到达目的地。这是中华民族史上的伟大壮举。

十一　塔吉克族典籍

塔吉克族主要分布在新疆维吾尔自治区西南部的塔什库尔干塔吉克自治县，少量分布在莎车、泽普、叶城和皮山等县，人口 5.1069 万。塔吉克族有本民族语言，使用维吾尔文文字。

塔吉克族文学以诗歌最为丰富，长篇叙事诗《尼嘎尔与马季侬》可作为首批"走出去"的塔吉克族典籍②。该叙事诗流传于新疆塔什库尔干

---

① 管兴才创作，佘土肯译：《西迁之歌》，《民族文汇》2012 年第 6 期。
② 对《尼嘎尔与马季侬》的介绍，引自《中国少数民族古籍总目提要：塔吉克族卷》，中国大百科全书出版社 2011 年版，第 24 页。

塔吉克自治县，有836行，叙述的是马季侬的诞生经过以及尼嘎尔与马季侬之间曲折的爱情故事。马季侬的母亲是葱岭国国王的独生女，国王想让女儿继承王位，所以就拒绝了所有上门给女儿提亲的人。一天，国王与一位老神人相遇，谈起女儿的婚事问题，老神人赠予国王神盒一个，告诉国王，可让其女儿与神盒"结合"。国王听信了建议，女儿与神盒结合后，产下了马季侬。马季侬长大后，出门去寻找父亲，途中遇到了尼嘎尔公主，二人一见钟情。但爱情不是一帆风顺，二人历尽磨难才结为夫妻。《尼嘎尔与马季侬》目前为止尚无汉语译本，其维吾尔文版本收录在新疆大学出版社2005年出版的《中国民间文学集成·新疆卷·塔吉克民间文学集》中。

十二 乌孜别克族典籍

我国的乌孜别克族主要分布在新疆的伊宁、塔城、乌鲁木齐、喀什、莎车和叶城等地，人口1.0569万。乌孜别克族有本民族语言，使用维吾尔文或哈萨克文文字。

英雄史诗《阿勒帕米什》可作为乌孜别克族首批"走出去"的代表性典籍。《阿勒帕米什》15000余行，讲述了乌孜别克族弘吉喇特部落年轻的英雄阿勒帕米什保卫家园和人民，与入侵者斗争的故事，史诗还穿插着阿勒帕米什与巴尔芯娜依之间的爱情故事[①]。卡尔梅克部落入侵弘吉喇特部落，在战场上俘获阿勒帕米什并将其关入地牢。阿勒帕米什在地牢里得到其骏马巴依齐巴尔的帮助，逃出地牢，击败敌人，解放家乡。1987年，新疆人民出版社出版了《阿勒帕米什》的维吾尔文版本，目前无汉文版本面世。

《阿勒帕米什》强调团结，歌颂忠诚，赞美坚强，反对侵略，对维护民族团结起着积极的作用。

十三 塔塔尔族典籍

塔塔尔族，古称鞑靼，现在主要分布在新疆的伊宁、塔城、乌鲁木齐

---

① 对《阿勒帕米什》的介绍，引自《中国少数民族古籍总目提要：乌孜别克族、塔塔尔族、俄罗斯族卷》，中国大百科全书出版社2011年版，第119页。

等城市，人口 3556 人，是我国人口最少的少数民族。塔塔尔族有本民族语言、文字，由于塔塔尔族与维吾尔族、哈萨克族等族人民杂居，联系密切，因而这两个民族的语言、文字也逐渐成为塔塔尔族的日常用语和通用文字。

记述中亚及新疆民族、宗教的历史著作《东方五史》可作为塔塔尔族首批"走出去"的代表性典籍。《东方五史》，也称《东方全史》，由新疆塔城塔塔尔族伊斯兰学者库尔班·阿里·哈立德编撰，全书共 12 章，约 52 万字①。1910 年，中亚喀山模范出版社出版《东方五史》塔塔尔文版本。新疆社会科学院于 1970 年把塔塔尔文原著译为维吾尔文，目前无汉译本面世。《东方五史》主要内容包括中亚费尔干纳浩罕、阿通布旭克汗至胡大亚尔汗末期的重大历史事件，新疆南部六城可汗政权的创建和更迭，喀喇汗朝可汗萨图克·布格拉汗归信伊斯兰教的经过，及其传播、弘扬伊斯兰教的活动，秃黑鲁帖木儿汗和阿帕克和卓的传记，浩罕入侵者阿古柏政权的建立及其覆灭；哈萨克、乌兹别克、柯尔克孜、塔塔尔、巴什基里等民族的族源与概况；成吉思汗及其谱系；蒙古人与西藏人的关系；新疆伊犁、塔城等地维吾尔、回、哈萨克等族人民反清起义的经过；巧且克（塔城）的由来；有关"回回"与东干等词的解释；回族在塔城地区的宗教生活及其与哈萨克族、蒙古族的相互关系，俄国入侵中亚与新疆；各地一些城堡和清真寺的兴建；哈萨克斯坦概况及哈萨克人的风俗习惯；中亚和新疆著名山川、河流名称的由来和介绍；朝觐行程记；西亚及欧洲名城的介绍；蒙古族、塔塔尔族补遗；日本概况；中国诸朝与清朝；1881年签订的中俄条约等。

该书较详尽、客观地记述了新疆和中亚突厥语系诸民族的族源、历史、伊斯兰教传入天山南北等新疆历史上的重大事件，内容还涉及有关语言、文学、天文、地理等学科领域，是研究新疆及中亚的重要史籍。

---

① 对《东方五史》的介绍，引自高文德《中国少数民族史大辞典》，吉林教育出版社 1995 年版，第 513 页。

第三节　西南地区少数民族典籍"走出去"选题规划

我国西南地区主要聚居着藏族、门巴族、珞巴族、羌族、彝族、白族、哈尼族、傣族、傈僳族、佤族、拉祜族、纳西族、景颇族、布朗族、阿昌族、普米族、怒族、德昂族、独龙族、基诺族、苗族、布依族、侗族、水族、仡佬族 25 个少数民族，是我国少数民族最为集中的地区。

一　藏族典籍

藏族主要分布在西藏自治区及青海海北、黄南、果洛、玉树等藏族自治州和海西蒙古族、藏族自治州、甘肃的甘南藏族自治州和天祝藏族自治县、四川阿坝藏族羌族自治州、甘孜藏族自治州和木里藏族自治县以及云南迪庆藏族自治州，人口 628.2187 万。藏族有本民族语言和文字。

藏族是我国具有悠久历史和灿烂文化的古老民族之一，藏文典籍极为丰富。我们认为，《中华大藏经》《格萨尔》和《四部医典》应作为首批"走出去"的藏族典籍。

《中华大藏经》是我国佛教经典的总集，分汉文部分和藏文部分两个版本。《中华大藏经》不仅是重要的佛教典籍，也是研究藏族传统文化的最重要、最基本的资料之一，是研究古代东方历史文化的重要文献资料。《中华大藏经》（汉文部分）的整理编纂工作是在任继愈先生的主持下历时 13 年完成的，前后动员 106 人参加，成书共 106 册，1997 年由中华书局全部出齐。《中华大藏经》（藏文部分）的整理编纂工作由中国藏学研究中心组建的"大藏经对勘局"负责，历时 25 年完成，成书 232 卷，于 2011 年全部出齐。《中华大藏经》（藏文部分）分"甘珠尔""丹珠尔"两部分，甘珠尔又称正藏，主要讲解佛教教义和戒律，是研究藏传佛教和世界佛教史的珍贵资料；丹珠尔又称副藏，除对甘珠尔作注释论解外，主要记载的是藏族哲学、历史、文学、语言、历法、艺术等方面的文献，是研究藏族文化史的珍贵资料。向外译出《中华大藏经》是一部浩大的系统工程，非一人之力可以完成，需国家有关部门统筹多方力量通力合作。

《格萨尔》是我国少数民族三大史诗之一，是我国藏族人民集体创作的结晶，千百年来，在青藏高原和周边的各兄弟民族地区广为流传，深受各族人民喜爱，是我国各族人民共同的精神财富。英雄格萨尔一生降妖伏魔，除暴安良，扬善抑恶，弘扬佛法，传播文化，统一了大小150多个部落。

《格萨尔》是世界上最长的史诗，故事发生的空间从天界到人间，从龙宫到地狱，上场人物达三千个，《格萨尔》在一定意义上也是地方性知识的汇总——宗教信仰、本土知识、民间智慧、族群记忆、母语表达等，都有全面的承载，堪称民族文化的"百科全书"。2009年，"格萨（斯）尔史诗传统"入选联合国教科文组织"人类非物质文化遗产代表作名录"。关于该史诗的确切长度，迄今尚无精确的统计，我们可以大致了解的是，已经记载下来的相互不重复的"部"，有100多种，100万余行。当前，对《格萨尔》的整理工作仍在进行当中。《格萨尔》融汇了众多神话、传说、故事、歌谣、谚语等，形成了气势恢弘、篇幅浩繁的"超级故事"，如其中一个片段：

> 人人都说我珠牡生得美，
> 都说我珠牡是这样的：
> 站起来好像白帐房扎在草滩里，
> 坐下时好像帐绳扯得直直的；
> 百个男子见了眼望直，
> 百个女子见了口叹气。
>
> 我向前走一步能值骏马一百匹，
> 九十九匹骏马难换取；
> 我往后退一步能值犏牛一百头，
> 九十九头犏牛难换取。

我吐一口气能值茶百包，
我开口一笑能值羊百只；
一根睫毛能值山羊一百头，
半根睫毛能值山羊五十只；
我肌肤润泽比白绸软，
我意志像那磐石坚。

古人谚语里有比喻：
"母狐只会在洞口耍脾气
母狗只会在门边呲牙齿，
蠢人只会在家乡充汉子。"

你我同是人间父母养，
造化不同命运各相异；
我是格萨尔大王的茶妇，
你是木雅守门的卫士。

我岭尕七姊妹到此地，
是格萨尔大王派来的，
为寻找一件木雅地方的法物，
给大王带到东方加地去。
我的话没有隐瞒真实告诉你，
守门的卫士心中请牢记！①

目前为止，关于"格萨尔"的故事、《格萨尔》部分片段在国外已有英、蒙、德、俄、法、日、西班牙、乌尔都、印地等语种的译文。尽快将

---

① 阿图、徐国琼、解世毅翻译整理：《格萨尔（加岭传奇之部）》，中国民间文艺出版社 1984 年版，第 38—39 页。

《格萨尔》全部整理编纂完成并系统地译介到世界各地去，是我们的迫切愿望。

《四部医典》（《医方四续》）是藏医学基础理论的巨著，至今仍是藏医必修的经典。《四部医典》由藏族人民尊称为"医圣"的宇妥·元丹贡布倾注一生心血编著而成，约成书于公元 773—783 年。《四部医典》集古代藏医学之大成，又吸取了中医药学、印度和阿拉伯医药学的内容，共156 章，由四部分组成。第一部为"总则本"，共六章，概括论述了人体的生理、病理、诊断及治疗。第二部为"论述本"，共三十一章，主要论述了人体生理解剖、病因和规律、诊断方法和治疗原则，药物的性味功效。第三部为"密诀本"，共九十二章，论述了各种疾病的诊断和治疗。第四部为"后序本"，共二十七章，主要论述了脉诊和尿诊，药物剂型配方和功效。《四部医典》原著是以九言为主的藏文佛经诗体写成，汉译本也以九言汉文译出。《四部医典》是藏医学的集大成者，取材广博，全面综合了各种医学知识，论述详尽，如关于"日常延年益寿"的论述：

> 第一先讲人生之行为，
> 只为长寿保命求安然，
> 且把灵丹妙药密咒炼。
> 常把起病二缘思且抛，
> 身语意内弃恶要就善，
> 舌等感官受磨非安乐。
> 不搭疑舟拒乘不驯马，
> 险地大河火场避不临，
> 崖顶树尖冬夏莫攀登。
> 驻则细察地势行察路，
> 夜有要事持杖结伴行。
> 夜不入睡粗卧任安眠，
> 次为清晨空腹半闭眼。

对于酪酊力衰悲哀者，
劳累多语恐怖老迈人，
只团生活粗粝夜休短，
体力耗损朗症乘虚入，
可使油食再令白昼眠。
其余昼眠培根发而肿，
恍惚头痛酸懒病缠身，
多睡呕吐空腹莫贪色。
失眠宜饮乳酪酒肉汤，
涂擦头部两耳常充油。
配偶不谐房事不美好，
若与孕妇交媾出险情，
月经之时仰卧房事抛。
冬令壮阳肥满无阻拦，
春秋隔夜夏令半月间，
他时寻欢求女耗官能，
头晕眼花导致早死难。
经常擦身老疲得缓解。
平息朗症依凭首足耳。
身轻脂减时而油生暖，
身坚耐劳可出正常力。
油腻过分将致生反常，
老幼朗赤病人宜少沾。
身强食油当在冬和春，
培根病者勤竟常依凭。
搓擦解息培根可削脂，
又使皮肤光泽四肢硬。
沐浴壮阳增力并延年，
除垢汗臭解渴息体热。

热水洗头耗发夺眼力，

热泻腹胀感冒不消者，

鼻眼病患都须禁生食。

眼呈火性可使培根破，

流泪用药黄柏膏止焉，

每滴眼药时隔为七天。

突发五病之敌对送行，

平时平调嗜好莫异端，

自言"我自搬移可循环"，

如此常思可使苦痛远。①

《四部医典》以独特的理论体系、丰富的临床经验和地道的纯天然药物资源，为藏族人民的生存与健康、繁衍与昌盛做出了不朽的贡献。目前为止，《四部医典》在国外只有英、德、日、俄等语种的片段的翻译，这一方面说明外国读者对《四部医典》强烈的兴趣，另一方面也说明《四部医典》的翻译难度之大。将《四部医典》系统地译为各种外语，让世界共享我国藏医学独特的医学价值，是少数民族典籍"走出去"迫切的任务和使命。

二　门巴族典籍

门巴族主要分布在西藏自治区的门隅地区，人口 1.0561 万。门巴族有本民族语言，但无文字，通用藏文。

门巴族是一个口头文学十分丰富的民族，尤其擅长诗歌的创作。门巴族诗歌体裁丰富，有叙事诗、酒歌、情歌等。出身于门巴族的六世达赖喇嘛仓央嘉措，其情歌创作深受门巴族民间情歌的影响，不少情歌是对门巴族民间情歌的改作和再创作。

长篇叙事诗《太波嘎列》（《太保嘎列》）是门巴族典籍的代表作，

---

① 宇妥·元丹贡布：《四部医典》，李永年译，人民卫生出版社 1983 年版，第 42—43 页。

共十四章，550余行。叙事诗描写了门巴族牧业生产劳动的发生、发展过程。门巴族牧业始祖太波嘎列流落到荒无人烟的深山老林里，但他始终不忘门巴族人民的疾苦，响应老百姓对他的呼唤祈求，赐神牛给门巴族百姓，于是，门巴族有了牧业生产活动。叙事诗描写细腻、生动、惟妙惟肖，如《引牛歌》中描写太波嘎列和神牛挣拉的场面：

> 我拉黑牛走啊，
> 黑牛挣我绳啊，
> 我引黑牛来到草地上。
> 草地平滑我无处蹬，
> 黑牛挣我倒地上啊。

> 我拉黑牛走啊，
> 黑牛挣我绳啊，
> 我引黑牛来到草滩间。
> 草滩凹凸我得力蹬，
> 黑牛跟我过草滩啊。

> 我拉黑牛走啊，
> 黑牛挣我绳啊，
> 我引黑牛来到沼泽地。
> 沼泽泥泞我难拔足，
> 黑牛挣我陷泥潭啊。

> 我拉黑牛走啊，
> 黑牛挣我绳啊，
> 我引黑牛来到沙石滩。
> 石滩坎坷我使劲拉，
> 黑牛跟我过石滩啊。

　　　　我拉黑牛走啊，

　　　　黑牛挣我绳啊，

　　　　我引黑牛来到查冈藏底。

　　　　查冈藏底建牛棚，

　　　　黑牛跟我住新居啊。

　　　　我拉黑牛走啊，

　　　　黑牛挣我绳啊，

　　　　我引黑牛来到白玛白塘。

　　　　白玛白塘辽阔宽广，

　　　　黑牛跟我卧草场啊。

　　　　我拉黑牛走啊，

　　　　黑牛挣我绳啊，

　　　　我引黑牛来到拉日拉康。

　　　　拉日拉康水草丰盛，

　　　　黑牛跟我多肥壮啊。①

　　《太波嘎列》是一部门巴族的牧业生产史，叙事诗细致入微地描绘了神牛的降生、牵牛、放牧、搭帐篷、修炉灶、拴狗、挤奶、打酥油、迁牧场等一系列生产、劳动场景，反映了门巴族民间叙事诗的梦幻现实主义传统。

三　珞巴族典籍

　　珞巴族主要分布在西藏东南部的洛渝地区，少数聚居于米林、墨脱、察隅、隆子、朗县一带，人口3682人，是目前我国人口最少的少数民族之一。珞巴族有本民族语言，但无文字，基本上使用藏文。直到

---

①　于乃昌整理：《门巴族民间文学资料》，西藏民族学院科研处编印1979年版，第117—119页。

20 世纪中期，珞巴族社会还处于原始社会末期阶段，仍以刀耕火种的生产方式为主。

创世史诗《斯金金巴巴娜达萌》可作为珞巴族首批"走出去"的代表性典籍。史诗反映的是珞巴族母系氏族社会早期的血缘家庭关系。达萌和乃包是地母斯金生下的女儿和儿子，二人是人类的始祖。达萌和乃包是姐弟，后来接受天父、地母的旨意，结为夫妻。最初靠采集野果为生，后来天降火神，二人学会了使用火。地母金斯又教二人制造石器、骨器、木器。在众鸟的帮助下，二人学会了编织技艺，并用芭蕉叶制成"遮羞"让达萌穿上。这体现了珞巴族人民原始的生活技艺和生活智慧：

> 乃包砍竹再熏烤，
> 制成脚镯献达萌。
>
> 乃包采来芭蕉叶，
> 制成遮羞献达萌。
>
> 莫被虫叮又蚊咬，
> 采来香草献达萌。
>
> 从此世间有美饰，
> 妇女美饰最丰盛。①

史诗还展现了珞巴族原始的灵性崇拜、自然崇拜、日月崇拜，以及祭祀风俗等。将《斯金金巴巴娜达萌》译介出去再加上对珞巴族人民现在生活、生产情况的介绍，对于外国读者了解我国梦幻般的民族文化，感受我国政府对少数民族人民的关怀和帮助，意义重大。

---

① 于乃昌：《珞巴族文学史》，西藏人民出版社、江苏教育出版社 2001 年版，第 367 页。

四 羌族典籍

羌族主要分布在四川省茂汶羌族自治县和汶川县、理县、黑水县、松潘县等地，人口 30.9576 万。羌族自称"尔玛"，意为"本地人"。刺绣、挑花、编织是羌族人民的传统工艺。羌族有本民族语言，但无文字，通用汉文。叙事长诗《木姐珠与斗安珠》和《择吉格驳》可作为羌族首批"走出去"的代表性典籍。

《木姐珠与斗安珠》是一部爱情叙事史诗。罗世泽、时逢春收集整理的《木姐珠与斗安珠》共 10 章，1400 余行。《木姐珠与斗安珠》也叫《木姐珠》《斗安珠与木姐珠》《木姐珠与热比娃》《木姐珠与燃比娃》等，在羌族人民当中流传的版本较多，但主要内容一致，描绘的是木姐珠与斗安珠争取婚姻自由的故事。在羌语中，木姐珠意为"天仙女"，斗安珠意为"美男子"，传说二者为羌族的始祖。生性倔强、敢爱敢恨的木姐珠是天爷木比塔的三公主，与凡间的牧羊少年斗安珠在龙池相遇，二人一见钟情，互换信物。随后，斗安珠鼓起勇气上天宫向天爷木比塔求亲，木比塔对斗安珠百般刁难，布置种种难以完成的任务来考验斗安珠，在木姐珠和山神的暗中帮助下，斗安珠通过了考验，天爷木比塔只好答应他求亲的要求，但却与女儿木姐珠断绝了父女关系。从此人、神两分，二人在人间过起了幸福美满的生活。木姐珠不顾身份地位悬殊，为追求真挚爱情与凡人斗安珠相爱、为争取婚姻幸福而不断抗争，如诗中写道：

> 木姐珠奋力扑进火海，
> 忘却了自己生死存亡；
> 她宁愿自己葬身火海，
> 也不让斗安珠被火烧伤。

> 她扑向东，火舌向她扑来，
> 她扑向南，火势烧得更旺，
> 她转向西，火苗发出呼叫，

她转向北，火焰格外疯狂！

她的衣裙被烈火燃着，
她的手脸被大大灼伤，
眼睛被熏得难以睁开，
手脸被烤得疼痛难当！

她骂道："胆大的火神，
难道你把我逼向死亡？"
悲愤使她急出了眼泪，
眼泪带给她新的希望！

眼泪化作倾盆大雨，
立即把山火全部灭熄，
大地恢复了它的平静，
青山现出蓬勃的生机！

她刨开地上的草木灰，
搬掉坡下烧焦的树桩；
发现斗安珠躺在岩下，
手抱住头顶卷曲而亡。

木姐珠眼泪像断线珠子，
一颗接一颗滚落地上；
眼泪滴在斗安珠脸上，
他的眼睛马上现出灵光。

眼泪滴在斗安珠身上，
他慢慢苏醒睁眼张望；

剧痛又使他失去知觉，
再次昏倒木姐珠身旁。

两个人的眼泪合流一起，
浇灌爱情之花迅速成长；
斗安珠慢慢苏醒转来，
金子似的蜜语叩击心房：

"阿哥哦，请您不要悲恸，
我要尽力为您治疗烧伤。"
她用尽气力背起斗安珠，
急步来到一座石洞门旁。

"尊敬的阿巴锡拉啊！
我遇到了最大的悲伤，
斗安珠几乎被火烧死，
只有您能挽救他的危亡。"

阿巴锡拉接待了公主，
询问了事由经过情况。
他被公主的诚意感动，
答应为斗安珠消除祸殃。①

《木姐珠与斗安珠》表面上是描写古代羌族社会人与神、神权与反神权的复杂斗争，实际反映的是羌族人民不畏强权、挑战封建婚姻制度、争取自由美满婚姻的美好愿望。

《择吉格驳》是一部体现"以和为贵"理念的英雄叙事史诗，300 余

---

① 罗世泽、时逢春收集：《木姐珠与斗安珠》，四川民族出版社 1983 年版，第 46—48 页。

行。择吉年少时父母被杀，他成了"格驳"（孤儿）。长大成人后，择吉
欲为父母报仇，率领千万神军杀向成都。一路上杀气腾腾，畅通无阻。
到达成都近郊郫县时，择吉看到了一些巨形物：九丈长的扁担、九寸厚
的草鞋底、椽子般粗的蛇、猎狗般的蚂蚁，幡然醒悟，以和为贵，于是
率军回乡：

> 择吉兵拢郫县地
> 郫县守将排兵询
> 择吉为何来这里
> 带领羌兵侵我城
> 若是有仇来相报
> 战场之中比高低
> 无仇酒肉来款待
> 酒足饭饱把路行
> 择吉忙把话来回
> 我与此城没有仇
> 也与你们没有恨
> 要寻敌人报家仇
> 择吉放眼郫县城
> 杨柳扁担九丈长
> 九丈扁担立城门
> 扁担尖上拴草鞋
> 足麻草鞋厚九寸
> 扁担草鞋城门立
> 择吉看后心纳闷
> 荒野之中蛇儿游
> 条条蛇儿椽子粗
> 路边蚂蚁忙行走
> 蚂蚁大得似猎狗

墙间又见蜘蛛网

蛛网像是大竹筛

择吉格驳心里想

此地人人都高大

此处地域好宽广

择吉思乡心切切

欲将兵马带回程

记起家中陈咂酒

九辈咂酒喝不够

家中还有老腊肉

酒醇肉美思家乡

择吉告别郫县城

带领羌兵赶回程

羌兵人马思乡切

马不停蹄往回行①

《择吉格驳》表现了羌族人民对战争的厌倦和对安宁、和平生活的祈愿。将《择吉格驳》译介到全世界，让全世界人民感知中华民族世世代代爱好和平、反对战争和霸权主义的优良传统，战略意义重大。

五　彝族典籍

彝族主要聚居在四川凉山彝族自治州，云南楚雄彝族自治州，红河哈尼族彝族自治州，贵州毕节地区和六盘水地区，人口871.4393万。彝族有本民族语言、文字，彝文是我国最早的音节文字。

彝族有着丰富的文学艺术作品，尤以长篇史诗引人注目，其中著名的有四大创世史诗《勒俄特依》《阿细的先基》《梅葛》《查姆》，四大抒情史诗《阿诗玛》《妈妈的女儿》《我的幺妹》《逃到甜蜜的地方》和四大

---

① 茂县羌族文学社整理：《西羌古唱经》，《阿新出内》（2004）字第29号，第88—89页。

英雄史诗《支格阿龙》《铜鼓王》《戈阿楼》《黑七腊白》等。《阿诗玛》
已经走向世界,"先后被翻译成英、法、德、日、俄、罗马尼亚等国文字
出版"①。接下来,我们认为,《勒俄特依》和《支格阿龙》可作为首批
规划"走出去"的彝族典籍。

　　《勒俄特依》是彝族著名的创世史诗,"勒俄特依"系彝语音译,"勒
俄"意为"耳闻""传说","特依"意为"书"。《勒俄特依》曲折形象
地描绘了彝族先民对天地演变、天气变化、万物起源、人类产生、社会形
成及其发展等的探索和认识,由"天地演变史""开天辟地""阿俄暑
布""雪子十二支""呼日唤月""支格阿龙""射日射月""喊独日独月
出""石尔俄特""洪水漫天地""兹的住地""合候赛变""古候主系"
和"曲涅主系"14 部分组成,2200 余行。史诗以"洪水漫天地"为界在
内容结构上可分为两部分,前半部分主要塑造了天神恩体谷滋和支格阿龙
等艺术形象,描绘了他们在创造天地万物中的神奇功绩;后半部分幻想成
分较少,更接近彝族人民的现实生活,描绘了彝族先民进入凉山的迁徙路
线和家族之间的争讼。《勒俄特依》想象奇特、瑰丽多彩,如其中关于人
类诞生的片段:

　　　　远古的时候,
　　　　天庭祖灵掉下来,
　　　　掉在恩杰杰列山,
　　　　变成烈火在燃烧,
　　　　九天烧到晚,
　　　　九夜烧到亮,
　　　　白天成烟柱,
　　　　晚上成巨光。
　　　　天是这样燃,

---

① 王宏印、崔晓霞:《论戴乃迭英译〈阿诗玛〉的可贵探索》,《西南民族大学学报》(人文社
　　会科学版)2011 年第 12 期。

地是这样烧，
为了人类起源燃，
为了祖先诞生烧。

烟柱与火光，
交来又变去，
生出一对哑物来，
矮小又难看，
既不耐风吹，
又不经寒冷，
能否成先人？
不能成先人，
能否成人类？
不能成人类。

俄惹结志啊，
派对银男和金女，
去到大地上。
能否成人类？
不能成人类。
又派黄云和红云，
去到大地上。
能否成人类？
不能成人类。

交来又变去，
变成松身愚蠢人。
初生第一代，
只有两尺高。

到了第二代，

与人一样高。

到了第三代，

松树一样高。

到了第四代，

山峰一样高。

五代长齐天，

身长闪悠悠，

行动慢腾腾，

走路摇晃晃，

呼吸气奄奄，

似死又非死。

头上住喜鹊，

腰间住蜜蜂，

鼻孔住着蓬间雀，

腋下住松鼠，

肚脐住着地麻雀，

膝腋住斑鸠，

脚心住蚂蚁，

还是不能成人类。

地上派岩燕，

去到天上问。

恩体谷兹跨出门，

察看地面然后说：

做过九次黑白醮，

即可成人类。

做了九次黑白醮，

头上喜鹊窝，

卸到树林中；

腰间蜜蜂窝，

卸到岩壁下；

鼻孔蓬间雀，

卸到刺丛中；

腋下松鼠窝，

卸到土洞中；

肚脐麻雀窝，

卸到地坎上；

膝腋斑鸠窝，

卸到树丛中；

脚心蚂蚁巢，

卸到泥土内。

能否成人类？

仍然不能成人类。

变化着变化着，

天上掉下泡桐材。

落在大地上，

霉烂三年后，

升起三股雾，

升到天空去，

降下三场红雪来。

红雪下在地面上，

九天化到晚，

九夜化到亮，

为成人类来融化，

为成祖先来融化。

做了九次黑白醮，

结冰来做骨，

下雪来做肉，

吹风来做气，

下雨来做血，

星星做眼睛，

变成雪族的种类，

雪族子孙十二种。①

　　在雪族十二种子孙中，第六种变成了人类。《勒俄特依》汇集大量的彝族传说、故事、谚语、谜语等口传文学形式，内容纷繁浩瀚，神话色彩浓厚，故事情节曲折。此外，史诗还充溢着浓烈的原始宗教氛围和巫术祭祀的色彩。《勒俄特依》对于研究彝族先民早期朴素的自然观与宇宙观，研究彝族社会的形成及其发展有着重要的价值。

　　《支格阿龙》是彝族长篇英雄史诗，分 23 个章节，12000 余行。《支格阿龙》在彝族不同地区也叫《阿鲁举热》《支格阿鲁》《支嘎阿鲁王》《支呷阿鲁》等，篇幅长短也不一，但叙述的主要内容大致是一致的。《支格阿龙》是彝族先民在蒙昧时代创作的一部旷世宏歌，讲述了支格阿龙从诞生、成长、射日射月、制服雷神、战胜雕王、虎王、铲除吃人妖怪、拯救人类和万物生灵、为民消灾、统一部族到去世的伟大一生的故事。《支格阿龙》构思巧妙、情节生动、寓意丰富，如其中一个片段：

家中的主妇，

喂养的禽类，

唯独三只鹅，

准备杀了鹅，

来款待阿龙。

家中的主妇，

---

① 冯元蔚整理翻译：《勒俄特依：彝族古典长诗》，四川民族出版社 1986 年版，第 27—31 页。

想也这样想，

说也这样说。

鹅能懂人语，

三只鹅争论。

公鹅木果哟，

对着妻儿讲：

杀就该杀我，

儿女没有母，

就会漂四方，

令人多可怜，

母与儿一起，

母亲也心慰，

儿女也幸福。

母鹅果各哟，

对着夫儿说：

杀就该杀我，

无父的儿女，

流浪于四方，

这样多可怜，

父与儿一起，

父亲也光彩，

儿女也团结。

鹅儿木牛哟，

对着父母讲：

杀就该杀我，

妻子靠丈夫，

妻与夫相伴，

心中乐滋滋。

丈夫靠妻子，

夫与妻相伴，

活得真幸福。

支格阿龙啊，

恰好懂鹅语，

听了很感动，

想来不能杀。

天也快亮了，

公鸡也叫了，

家中的主妇，

准备杀了鹅，

来款待阿龙。

支格阿龙哟，

对着主妇讲：

若要宰与杀，

准备杀哪个？

主妇回言道：

准备杀公鹅。

支格阿龙讲：

不宰也不杀，

杀不得公鹅，

父与儿一起，

父亲也光彩，

儿女也团结。

若要杀公鹅，

儿女漂四方，

多么可怜啊。

家中的主妇，

准备杀母鹅。

支格阿龙讲：

不宰也不杀，

杀不得母鹅，

母与儿一起，

母亲也心慰，

儿女也幸福。

若要杀母鹅，

儿女无人爱，

多么可怜啊。

家中的主妇，

准备杀小鹅。

支格阿龙讲：

莫宰也莫杀，

若要杀小鹅，

父母多心痛，

无人可依靠。

慈心的主妇，

听了阿龙劝，

煮一顿便饭，

款待了阿龙。

三只鹅商量。

夫与妻商量，

公鹅木果说：

支格阿龙哟，

好心人一个，

专治豪与强，

给百姓平安，

应送神银剑。①

①　沙马打各、阿牛木支主编：《支格阿龙》，四川民族出版社 2008 年版，第 96—98 页。

"不杀鹅"体现了彝族先民尊重生命、人与自然和谐共处的生态伦理意识。《支格阿龙》内容丰富，涵盖远古彝族的宗教思想、祭祀礼俗、天文历法、婚葬习俗、图腾崇拜等内容，对研究彝族历史文化具有重要的民族学和人类学价值。

六　白族典籍

白族主要聚居在云南省大理白族自治州，其余分布于云南各地、贵州省毕节地区及四川凉山州，人口193.3510万。白族有本民族语言，但无文字，长久以来使用汉文。

创世史诗《开天辟地》可作为白族首批"走出去"的代表性典籍。《开天辟地》也叫《创世纪》，分"序歌""洪荒时代""天地起源""人类起源"四部分，450余行，是白族文学史上最早的一部优秀长诗。

《开天辟地》讲述了人类由覆亡到再生的奇特过程。最初的人类过着"天下顶太平""不分贫和富""百姓肥胖胖"的生活，后来龙王施法连下七年大雨，天崩地裂，人类灭亡，天下毁灭。盘古盘生两兄弟把龙王制服，开始变出天、变出地、变出日月、变出山川湖泊、变出世间万物、从金鼓里取人种，将人种变成兄妹，让兄妹结婚成夫妻，10月后生下一个皮口袋，里面有10个儿子，10个儿子又各生10个儿子，从此有了百家姓。《开天辟地》采用白族民间"打歌"韵文体方式创作，一问一答，语言朴实，想象奇特，如下面一个片段：

左眼变什么？
左眼变太阳。

右眼变什么？
右眼变月亮。

睁眼是白天，
闭眼是黑夜。

小牙变什么？
小牙变星辰。

大牙变什么？
大牙变石头。

眉毛变什么？
眉毛变竹子。

头发变什么？
头发变树木。

耳朵变什么？
耳朵变耳顺风。

鼻子变什么？
鼻子变笔架山。

大肠变什么？
大肠变大河。

小肠变什么？
小肠变小河。

心变什么？
心变启明星。

肝变什么？
肝变湖泊。

肺变什么？

肺变海洋。

肚脐变什么？

肚脐变成大理海子。①

《创世纪》将洪水神话与远古的化身创世神话有机地结合在一起，通过天真奇特的幻想，反映了白族先民对自然界的朴素认知。

七　哈尼族典籍

哈尼族主要分布在云南省新平、镇源、墨江、元江、红河、元阳、绿春、金平、江城等县，人口166.0932万。哈尼族有本民族语言，因地域不同，分哈雅、碧卡、豪白三种方言，彼此差异较大，不能相互通话。哈尼族原来没有本民族文字，1957年，采用拉丁字母形式，创立了一套哈尼族文字方案。

哈尼族口传文学丰富多彩，较著名的有来自农业生产经验的《四季生产调》、创世史诗《十二奴局》（亦称《奥色密色》）、迁徙史诗《哈尼阿培聪坡坡》等。《四季生产调》可作为哈尼族首批"走出去"的代表性典籍。《四季生产调》共分为"引子""冬季三月""春季三月""夏季三月""秋季三月"五部分，1670余行，是一部全面反映哈尼族千百年来生活状况的长篇古老歌谣，入选首批"国家级非物质文化遗产名录"。《四季生产调》是对举世闻名的哈尼梯田农耕经验的总结和传承，描述了春、夏、秋、冬四季轮回更替中的打埂、培育谷种、撒种、插秧、打谷子、入仓等劳动过程，同时内容还涉及哈尼族人民生活中的打猎、婚礼、丧葬、祭祀等方方面面，堪称一部哈尼族文化的百科全书。《四季生产调》语言生动活泼、直白朴素、通俗易懂，如其中关于"撒种"的描述：

---

① 杨亮才、陶阳记录整理：《白族民歌集》，人民文学出版社1959年版，第275—276页。

种子水里泡三夜，
第三晚上已泡涨，
捂了三夜就出芽，
到了第三天芽出齐。

庄稼就要种在祖田里，
庄稼就要长在闹罗秧田里。
埂壁不净好好铲净，
田埂不齐好好挖齐；
铲埂脚要铲死莫牛草，
挖田埂要挖起伊萨草主根，
向下砍莫怕砍断土狗脖，
向下铲莫怕铲断曲鳝身。

我在田里耙田来来去去，
牛耙不直凿九个洞，
会耙田的黄牛，
不要拴三根绳，
田边地角全耙到，
往上要耙死野慈姑杆，
往下要耙死热义草杆。

阿妹撒种不要粗心，
撒种手上稀密匀，
撒完种子扫平土，
砍下屋前的棕树叶，
就有了好看的扫帚，
砍下屋后的刺竹杆，

就有了长把的好扫帚。①

《四季生产调》见证了哈尼族梯田耕作文明的变迁历程，对研究人类梯田耕作历史具有重要的参考价值。同时，它直白、朴素、幽默风趣的语言叙述风格给人以亲切感人的艺术享受和审美体验。

八　傣族典籍

傣族主要分布在云南省西双版纳傣族自治州、德宏傣族、景颇族自治州和耿马、孟连等地，人口 126.1311 万。傣族有本民族语言和文字。

傣族有 500 部左右的长篇叙事诗，这在我国所有民族中是无与伦比的。傣族叙事诗中，较著名的有《召树屯》《乌沙巴罗》（《乌莎巴罗》）《粘芭西顿》《兰嘎西贺》（《十二头魔王》）《巴塔麻嘎捧尚罗》《粘响》等。《召树屯》可作为首批"走出去"的傣族代表性典籍。

《召树屯》为傣族民间爱情长诗，是最早翻译为汉语的傣族作品。在傣族不同地区，该长诗也叫《召树屯与楠木诺娜》《孔雀公主》《嫡悦罕》等，全诗分 12 个章节，1000 余行。《召树屯》讲述的是勐板加王子召树屯与孔雀公主喃婼娜曲折的爱情故事。英俊的王子召树屯在金湖边巧遇从天堂飞来沐浴的七仙女，顿生爱恋之情。在神龙指点下，召树屯躲在湖边，悄悄拿走了公主喃婼娜的孔雀衣，喃婼娜失去了翅膀，不能再飞回天堂，两人结为夫妻。喃婼娜的父王得知自己最小的女儿被召树屯捉去，下令出兵攻打召树屯。召树屯率八万士兵，离开家乡，去边界迎战。喃婼娜留在家里，不料却遭巫师摩古拉陷害，差点被国王处死，只好骗出自己的孔雀衣，飞回天堂。召树屯胜利归来，不见喃婼娜，内心悲伤，走了九百九十九天，经历千难万险，找到孔雀国，又经历国王叭团的重重考验，重新找回了美好的爱情。《召树屯》以生动优美的语言，热情地歌颂高尚纯洁的爱情：

---

① 白祖额收集，段贶乐汉文翻译：《哈尼族四季生产调》，云南民族出版社 1988 年版，第164—165 页。

召树屯的眼睛没有离开过喃婼娜

召树屯的嘴没有停止歌声

在喃婼娜没有对他回答之前

他决心一辈子歌唱不停

可爱的姑娘啊

请打开你的心扉

不管天崩地裂

鱼啊，只有在水里才能生存

我只要每天看见你一眼

没有吃的我也心甘

请你这朵花开在我园里

让我变成浇花的水。

母鸡听见公鸡叫唤会扇开翅膀

召树屯的歌声

像一只蜜蜂落在喃婼娜的心上

她望着湖水

又羞又喜地低声歌唱

热辣辣的太阳

会使鲜花枯萎

你过热的爱情啊

叫我的心跳荡

一棵芭蕉只结一次果

懂得修剪花蕊的人啊

芭蕉果会愈结愈多

一颗香瓜只抽一次藤

会种香瓜的人啊

一棵香瓜爬满瓜棚

愿你像一棵椰子树

树高根深

我会天天坐在树下

觉得快活凉爽

召树屯的两颊发烫

心里像煮开的水一样

他站起身

放声歌唱

姑娘啊

你的歌声像湖里的清水

让我洗了一次澡

姑娘啊

只有现在，我才感到

我是一个骄傲的国王

姑娘啊

你看见没有

湖边的花为我们开放

林中的鸟也为我们歌唱①

　　《召树屯》通过召树屯和喃婼娜对爱情的忠贞、对美好生活的追求，

---

① 岩叠等整理：《召树屯》，云南人民出版社 2009 年版，第 22—24 页。

歌颂了傣族人民追求真、善、美的勇气，表达了傣族人民对幸福美好生活的向往之情。

九 傈僳族典籍

傈僳族主要分布在云南省怒江傈僳族自治州和维西傈僳族自治县，其余散居在云南丽江、保山、迪庆、德宏、大理、楚雄等州、县和四川的西昌、盐源、木里、德昌等县，人口 70. 2839 万。傈僳族有本民族语言、文字，但文字很不完善。

创世史诗《创世纪》可作为傈僳族首批"走出去"的代表性典籍。《创世纪》为傈僳族祭祀经调，分"生与死""语言和文字""葫芦里面人种留""生儿育女""木必变法"等 31 个章节，900 余行。《创世纪》记载了傈僳族先民社会、历史、生产生活、文化艺术等发展演变的整个过程，堪称傈僳族历史发展过程中的百科全书，主要叙述了人类及万物的诞生与生存发展；傈僳族人民的生产与生活、生死观念；洪水泛滥、人类的繁衍，以及民族的历史渊源；傈僳族的主要聚居地怒江地区的历史片段等。长诗采用了大量的隐喻、排比等诗歌艺术表现手法，具有很强的艺术感染力：

> 人人高兴说不完
>
> 个个欢喜讲不尽
>
> 手挽手来跳个舞
>
> 手接手来跳个舞
>
> 从此忘了猿猴语
>
> 从此忘了野鼠话
>
> 各种语言产生了
>
> 各种言语出来了
>
> 别的创造了什么
>
> 旁的发明了哪样
>
> 询问创造的人讲

问问发明的人说

此外还有一条理

此外还有一句话

创造出了银文字

发明出了金文字

有字没有地方写

有文没有地方记

汉族文字写棉布

傈僳文字写獐皮

写在棉布不能吃

写在獐皮被狗吃

汉族文字澜不了

傈僳文字澜掉了

不用文字到今天

不用文字到今日①

《创世纪》把各种神话、传说、宗教、占卜、艺术、历史典故、牧耕技术以及傈僳族人民熟悉并喜爱的具有哲理性的事物巧妙地编织在诗境之中，既是民族史、文学史，又是傈僳族人民继承传统文化和了解自己生存的生态环境及传承劳动生产技能的重要手段。

十　佤族典籍

佤族主要分布在云南省的西盟、沧源、孟连、耿马、双江、镇康、永德等县，部分散居在西双版纳傣族自治州和德宏傣族景颇族自治州境内，人口 42.9709 万。佤族有本民族语言，但无文字。

创世神话史诗《司岗里》可作为佤族首批"走出去"的代表性典籍。《司岗里》分 26 个章节，约 5000 行。"司岗里"为佤语音译，"司岗"意

---

① 怒江傈僳族自治州文化局编：《创世纪、牧羊歌》，内部刊印 1980 年版，第 9—11 页。

为"崖洞""葫芦","里"意为"出来"。也就是说,依佤族传说,人类是从岩洞里或葫芦里走出来的。

《司岗里》主要内容为众神创造了天地、太阳、月亮、动物、植物和人,并把人放在石洞里。小米雀在苍蝇的帮助下,啄开洞口,把人类从石洞里放出来。人类走出石洞,一个个被守在洞口的老虎吃掉,老鼠、黄牛、水牛把老虎赶跑,佤族人带头走出石洞。人类开始学建寨子、种庄稼、学纺织、学做活计、学取火、学制木鼓,又根据生下来的娃娃"不聋他就傻",规定兄妹、堂兄妹甚至同姓不能结婚。后来,洪水暴发,冲散各族人民。圣母安木拐率领佤族人民一路迁徙,最后来到了勒尔。在这里,佤族人民从豹口夺食、重新找回粮种、学会了酿酒、制定了佤历、形成了各种信仰,过起了安居乐业的生活。

在《司岗里》中,佤族人民赋予蝌蚪、螺、蛐蛐、树芽、画眉鸟、小米雀、苍蝇、水牛、黄牛、老鼠等各种弱小生物以神力,如"人类走出司岗里"中的一个片段:

> 岩石大来岩石厚,
> 岩石硬来岩石滑,
> 野水牛跑来用角撬,
> 角撬弯了撬不开;
> 大象跑来用脚踩,
> 脚踩肿了踩不通;
> 犀鸟和鹦鹉也飞来啄,
> 啄之前两个家伙自吹自擂:
> "才是我们大嘴鸟啄得开!"
> 可啄来啄去,啄去啄来,
> 嘴都啄弯了还是啄不开;
> ……
> 大家个个都试过了,
> 全都乘兴而来,败兴而归。

黑米雀领着苍蝇姗姗来迟，

大家都对米雀发出嘲笑，

"小米雀啊米雀小，

你身子小来脚杆又细，

嘴短不说还挡着个大口袋，

一看你就休想啄得开！"

苍蝇搓着手问："是否再商量？"

小米雀它可不想耍嘴皮，

一把把口袋抹到脖子后，

挥手叫苍蝇赶快上。

苍蝇吐唾沫在岩石面，

小米雀"唰唰"磨快嘴巴；

苍蝇又下一圈蛋在岩石上，

小米雀把蛋啄得"叭叭"地炸，

很快把岩洞口彻底炸开啦。[1]

在佤族神话中，每逢人类重大历史事件，这些弱小生物都起着至为关键的作用，这说明佤族先民的生活与这些生物关系密切。于是，它们就进入了佤族神话史诗之中并被赋予神力。

《司岗里》通过佤族先民对宇宙万物以及人类起源的独特解释，富有想象地描述了创造世界的过程，不仅有很高的艺术价值，也是研究佤族远古历史的珍贵资料。

十一　拉祜族典籍

拉祜族主要分布在云南省南部的澜沧、孟连、双江、勐海、西盟等县，人口 48.5966 万。拉祜族在历史上被称为"猎虎的民族"。拉祜族有本民族语言，但无文字。

---

[1]　西盟佤族自治县文联编：《司岗里》，云南人民出版社 2009 年版，第 39—40 页。

列入首批"国家级非物质文化遗产名录"的拉祜族创世史诗《牡帕密帕》已于 1995 年以英语文本的形式进入泰国。接下来，英雄神话史诗《扎弩扎别》可作为拉祜族"走出去"的代表性典籍。《扎弩扎别》[①] 共分 10 部分，约 400 行，讲述了勇敢正直、足智多谋的英雄扎弩扎别与压榨、剥削拉祜族百姓的天神厄沙斗争的故事。史诗还穿插描述了拉祜族先民生产技艺、生产工具制作及各种民俗的由来，如下面一节叙述了拉祜族火把节的由来：

> 厄沙把太阳藏起，
> 厄沙把月亮藏起，
> 天，变成黑黢黢，
> 地，变成黑洞洞。
>
> 天黑看不见走路，
> 地黑看不见种地。
> 看不见路人们会摔死，
> 没有饭吃人们会饿死。
>
> 七天七夜不见光明，
> 七天七夜没有笑声，
> 人们就去找扎弩扎别，
> 请他快把痛苦战胜。
> 扎弩扎别的办法实在多，
> 他把松明绑在水牛角上，
> 又把蜂蜡绑在黄牛角上，
> 点着火把去犁地薅秧。

---

① 扎约、杨重整理：《扎弩扎别》，《山茶》1981 年第 1 期。

　　水牛角被松明熏黑了，

　　黄牛角被蜡烛熏黄了，

　　黑夜里有了光明，

　　谷子又长高了。

　　人们为了纪念扎弩扎别，

　　就把这天定为火把节了。①

　　扎弩扎别虽然因为自己的善良，最后被厄沙害死。但史诗体现出拉祜族人民征服自然、反抗压迫、至死不屈的坚强性格。

十二　纳西族典籍

　　纳西族原是我国西北古羌人的一个支系，大约在公元 3 世纪迁徙到云南丽江地区定居下来。纳西族现在主要聚居于云南省丽江纳西族自治县，其余分布在云南的维西、中甸、宁蒗、德钦和四川省盐边、盐源、木里及西藏的芝康等县，人口 32.6295 万。纳西族有本民族语言文字，但象形文字东巴文只用于记载古代的宗教经文、诗歌、传说等，未在人民群众中推广使用。纳西族人民一般会使用汉字。

　　英雄史诗《黑白之战》可作为纳西族首批"走出去"的代表性典籍。《黑白之战》有 2300 余行，史诗产生的背景是纳西族从父权制向奴隶制过渡时期。《黑白之战》最初记载于纳西族东巴经中，纳西语原称为"东埃术埃"，意为"东术仇斗"，即东部落与术部落之间的战争。史诗叙述的是东、西两个部落为争夺太阳、月亮而展开的一系列冲突，从宝树之争、掘洞漏光、术偷日月、阿璐巡边、受邀开天、米委之死、术兵进犯、美女出马、阿璐被杀，到东主返世、东术决战，环环相扣，跌宕起伏。最后西部落被灭，东部落发展成纳西族。《黑白之战》塑造了纳西族人民视死如归、英勇不屈的高贵品质：

---

① 扎约、杨重整理：《扎弩扎别》，《山茶》1981 年第 1 期。

阿璐想太阳，
阿璐念月亮。
想东青青草，
念东肥牛羊：

东地有甘泉，
千股万股淌；
东地有日月，
千年万年亮。

宁可饮毒水，
宁可一人死，
不让甘泉枯，
不让光明毁！

阿璐泪流尽，
心似石头坚：
火烧石头炸，
心儿炸不开。

阿璐绝饮食，
身似要木坚：
木头会晒裂，
身子晒不干。

丹由来威吓，
七十七次逼；
阿璐心儿硬，
七十七次顶：

　　快来杀我吧，

　　东族不怕死！

　　术要摘日月，

　　除非狗变鸡！①

史诗通过对东、西两个部落为争夺、捍卫太阳、月亮而战的描绘，象征光明一定能战胜黑暗。

十三　景颇族典籍

景颇族主要聚居在云南省德宏傣族景颇族自治州各县的山区，少数居住在怒江傈僳族自治州的芒马、岗房以及耿马、澜沧等县，人口 14.7828 万。景颇族有景颇和载瓦两种方言，彼此通话困难，使用的景颇文是一种以拉丁字母为基础的拼音文字。

神话创世史诗《勒包斋娃》可作为景颇族首批"走出去"的代表性典籍。《勒包斋娃》也叫《目瑙斋瓦》，分 30 个章节，10000 余行。史诗是景颇族先民对宇宙形成、开天辟地、治理山川、美化天地、创造万物、人类社会的形成等方面知识的朴素认识，歌颂了创造神潘宁桑、智慧神捷宁章、创世祖彭干吉嫩、造物母木占威纯、首领之祖宁贯杜等的创世业绩，描绘了景颇族先民治理大地、取火、制长刀、制竹水槽与竹水桶、制土锅、种稻谷、酿酒、做服饰、制民具、盖房等的艰难过程及生产生活经验。《勒包斋娃》反映了景颇族先民的生产、生活智慧，如其中关于"盖房"的描述：

　　铁目梯夫妇俩，

　　要造牢固的房，

　　不会取结实的料，

　　来到野地里和荒山冈。

---

① 杨世光整理：《黑白之战》，云南人民出版社 2009 年版，第 86—87 页。

见竹鼠咬断芦苇的情状，

学得了知识和经验，

取结实的料，

从此有了办法和主张。

铁目梯夫妇俩，

要造牢固的房，

不会解结实的料，

来到洼地泥水塘。

见到水牛舌头的形状，

学得了知识和经验，

先做成楔子，

解结实的科，

从此有了办法和主张。

铁目梯夫妇俩，

要当大木匠，

不会做榔头，

来到野山岗。

见挎包果的形状，

又模仿人头的模样，

学得了知识和经验，

做榔头，

从此有了办法和主张。

铁目梯夫妇俩，

要当大木匠，

不会抡榔头，

四外寻良方。

看见山上的野牛，

尾巴来回晃，

从中学得知识与经验.

抡榔头，

才有了办法和主张。

铁目梯夫妇，

要造结实的房，

不会刨大柱和小柱，

来到小河旁。

见到鲤鱼和白鱼的形状，

学得知识和经验，

刨大柱和小柱，

才有了办法和主张。①

《勒包斋娃》内容丰富，是对景颇族早期历史的较全面系统的反映，对研究景颇族神话、宗教、民族文学和语言有重要价值。

十四 布朗族典籍

布朗族主要分布在云南的勐海县、景洪县、双江县、永德县、云县、耿马县、澜沧县和墨江县，人口 11.9639 万。布朗族有本民族语言，但无文字。

创世神话史诗《布朗人之歌》可作为布朗族首批"走出去"的代表性典籍。《布朗人之歌》分"序歌""造天造地""人的诞生""人找住处""布咪雅射日""谷种到人间""迁徙之歌""尾歌"八部分，1600 余行。《布朗人之歌》既有布朗族对天地万物、本民族由来及人类初期生活的想象，也有对本民族初期历史的记载。"迁徙之歌"描写了布朗族离开最初的

---

① 萧家成译著：《勒包斋娃》，民族出版社 1992 年版，第 293—295 页。

生活地澜沧江畔，长途跋涉，历经艰险寻找宜居地的过程。史诗还记载了
布朗族途经傣族生活区，受傣族人收留、无私帮助的经历：

> 布朗一住三个月，
> 长者天天派人接。
> 今天教会倒犁铧，
> 明日又造织布架。
> 盖房剖篾编草排，
> 样样把手教人王。
> 三月时间不算长，
> 亲密如同是一家。
> 转眼三月时间过，
> 布朗队伍该启程。
> 白头老人率傣家，
> 大路边上来送行。
> 你们人多来得急，
> 事先我们没准备。
> 如今拔营要远去，
> 有些技术送给你。
> 东西虽少能救急，
> 战胜困难靠自己。
> 讲完打开厚经书，
> 一一讲出不保留。
> 种田烤酒纺棉线，
> 打铁造锄制钢刀。
> 文字故事加礼仪，
> 一样一样全教给。[1]

---

① 林璋整理：《布朗人之歌》，内部刊印 1999 年版，第 65—66 页。

《布朗人之歌》也是民族团结歌，将《布朗人之歌》译介到全世界，向外国读者展示中华各民族历来就是热爱和平、团结互助、和谐共存的大家庭。

十五 阿昌族典籍

阿昌族主要分布在云南省陇川、梁河等县，少数分布在盈江、潞西、瑞丽、龙陵、腾冲等县，人口3.9555万。阿昌族也是我国跨境民族之一，在缅甸，称阿昌族为"迈达族"，约有4万人。阿昌族有本民族语言，但无文字，大多会使用汉文。

创世神话史诗《遮帕麻和遮米麻》可作为阿昌族首批"走出去"的代表性典籍。《遮帕麻和遮米麻》是阿昌族目前最完整、篇幅最长的创世神话史诗，讲述的是英雄遮帕麻和遮米麻创世、救世、治世的故事，分四个章节，约2000行，入选首批"国家级非物质文化遗产名录"。神话史诗《遮帕麻和遮米麻》被阿昌族称为"我们民族历史的歌"，内容宏大，情节奇异而又曲折生动。史诗不仅以阿昌人的历史经验、生活体验和文化思索解答了宇宙起源、人类诞生、民族由来、习俗形成与文化缘起等一系列重大问题，而且对于为什么男人无乳、女人无须，为什么牛犁田、马驮货，大地为什么凸凹，日月为什么旋转等人类生存状况问题，也作了充满智慧与情趣的回答，整部作品蕴含着较强的审美性：

> 遮帕麻用右手扯下左乳房，
> 左乳房变成了太阴山；
> 遮帕麻用左手扯下右乳房，
> 右乳房变成了太阳山。

> 天公遮帕麻呵，
> 舍去了自己的血肉；
> 今天的男人没有乳房，

就是为了这个缘故。[①]

……

世界上有阴就有阳，

世界上有天要有地。

遮帕麻造天的时候，

遮米麻就开始织地。

她摘下喉头当梭子，

她拔下脸毛织大地；

从此女人没有了胡须，

从此女人没有了喉结。[②]

《遮帕麻和遮米麻》的主要内容虽以表现原始宗教的神话素材构成，但处处浸透和折射着人生哲理，蕴含着原始哲学思想：

自古有阴就有阳，

自古有恶也有善，

有福便有祸，

祸福常相伴。

没有雨水鲜花不会开放，

雨水多了江河又会泛滥；

雨水给阿昌带来过幸福，

雨水也给阿昌制造过灾难。

阿昌的子孙啊，

---

① 赵安贤等唱，兰克、杨智辉整理：《遮帕麻和遮米麻》，杨叶生译，云南人民出版社 1983 年
版，第 4 页。

② 同上书，第 9 页。

要是窝铺漏雨，

不要责怪雨水，

赶快把房顶修理。①

《遮帕麻和遮米麻》反映了阿昌族早期的文化形态、民族意识的觉醒和民族性格的形成。在遮帕麻和遮米麻身上，寄托着阿昌族人民追求光明、战胜邪恶的美好愿望。

十六　普米族典籍

普米族主要居住在云南省兰坪白族普米族自治县，丽江纳西族自治县、永胜县和宁蒗彝族自治县，人口 4.2861 万。"普米"意为白人。普米族有本民族语言，但无文字，大多会使用汉文。

创世史诗《"直呆木喃"创世纪》可作为普米族首批"走出去"的代表性典籍。"直呆木喃"为普米语音译，意为"不分天地的洪水时代"。《"直呆木喃"创世纪》有 110 余行，最初为普米族在祭典活动中唱诵的古歌，内容涉及普米族先民生活的方方面面，堪称普米族先民构建的本民族知识谱系。史诗以对世界的朴素认知，讲述了癞蛤蟆创立宇宙、嗒提天神造万物、"阿苟波底"赋予普米人以智慧、语言的形成与发展、社会制度的变迁、宗教的产生与发展、与其他民族的关系等。在史诗中，普米族自称"拍咪"，称纳西族为"色哼"。史诗情感真挚、语调谦和：

"直呆木喃"洪水时代，

拍咪不会耕耘土地。

拍咪最初耕耘土地是钻山鼠抛土翻地教会的，

从那以后拍咪就会耕耘土地。

----

① 赵安贤等唱，兰克、杨智辉整理：《遮帕麻和遮米麻》，杨叶生译，云南人民出版社 1983 年版，第 26 页。

　　"直呆木喃"洪水时代，
　　拍咪不会劈竹编篱笆。
　　拍咪最初劈竹编篱笆是顶巴曲印山神教会的，
　　从那以后拍咪就会劈竹编篱笆。

　　"直呆木喃"洪水时代，
　　拍咪不会纺线擀毡。
　　拍咪最初纺线擀毡是蜘蛛织网教会的，
　　从那以后拍咪就会纺线织网。

　　"直呆木喃"洪水时代，
　　拍咪没有贵贱等级，
　　"白归代代达""尔古代代达"。
　　拍咪的首领是猴王统领群猴教会的，
　　从那以后拍咪就有族长和伙头。
　　……
　　"直呆木喃"洪水时代，
　　拍咪不会蒸饭。
　　拍咪蒸饭是"色哼"教会的，
　　以后拍咪和"色哼"也世代相邻。[1]

　　《"直呆木喃"创世纪》热情颂唱世间万物，将本民族各种生活、生产技能的获得、社会制度的形成等都归功于外界，表现了普米族谦逊、豁达、善于学习的品德和与世间万物及其他民族和谐共处的理念。

十七　怒族典籍

　　怒族主要分布在云南省碧江、福贡、贡山、兰坪、维西等县，人口

---

① 《"直呆木喃"创世纪》全文刊于《世界宗教研究》1983 年第 2 期。

3.7523 万。怒族有本民族语言，但无文字，大都会使用汉文。

怒族主要聚居在怒江峡谷，自然环境险恶。出于对自然的敬畏，怒族人民认为万物皆有灵，人与鬼同生同存，鬼神支配人，人又依赖鬼神。怒族先民希望用神歌灵语去取悦鬼神，指令鬼神，以达到驱邪消灾、求吉祈福的目的，所以怒族神歌、祭词比较发达，像《猎神歌》《送魂歌》"瘟神祭词""山神祭词""虫神祭词""天神祭词""克神祭词""和神祭词""喊魂""祭克鬼""祭厄运鬼""刮冷鬼""祭诅咒鬼""祭嫉妒鬼""祭夜鬼""刮关节鬼""刮污言秽语鬼""祭夜鬼""祭呕得鬼""祭眼疾鬼"等等。这反映了怒族先民崇拜自然、敬畏生命的朴素的生态伦理意识。

《猎神歌》可作为怒族首批"走出去"的代表性典籍。《猎神歌》分"敬猎神""颂猎神，取猎物""引猎神回家""欢庆获猎物""睡了吧""该起来了""送猎神归山"七部分，400 余行①。《猎神歌》是怒族祭颂猎神的诗歌，表达了怒族人民对猎神的感恩情怀以及对自然山川的讴歌赞美，处处流露着怒族人民与自然和谐相处的精神实质。按照一般人的想象，猎神应该是高大威猛、无所不能的男神，但在《猎神歌》中，猎神是以美女神的形象出现的：

> 你的双眼长得又圆又明亮，
> 你的辫子长得又粗又黑亮，
> 你的牙齿长得又大又晶亮，
> 你的双手长得粗壮又白胖，
> 你的双脚长得粗大又肥壮，
> 你的胸脯长得结实又丰满。②

怒族人民以本族女性的理想形象为参照来塑造猎神形象，体现了神性

---

① 《猎神歌》载攸延春《怒族文学史》，云南民族出版社 2003 年版，第 59—76 页。
② 攸延春：《怒族文学史》，云南民族出版社 2003 年版，第 65—66 页。

与人性的统一，说明怒族人民对大自然既敬畏又依恋，既热爱又恐惧。《猎神歌》还处处表现出怒族人民对秀美山川的热爱之情：

> 夏天我们这边山谷里开满了血红的杜鹃花，
> 夏天我们这边山坡上开满了雪白的杜鹃花，
> 满山的竹林长得一片翠绿，
> 所存的树木都根深叶茂，
> 江边的青草绿茵如毯，
> 所有的果树都已开花结果；
> 所有的雀鸟都已筑巢下蛋，
> 我们遵循着祖先开创的礼节，
> 我们遵照着先辈传下的礼节，
> 最甜的矿泉水在我们这边，
> 最好喝的矿泉水在我们这边，
> 最好舐的咸土在我们这边，
> 请不要到别的地方去吧！
> 那里的猎狗会撵你的。
> 到时候我到雪山顶来迎你，
> 到时候我到大山岭来接你。①

《猎神歌》对猎神虔诚而又热情的祭颂，与对怒江流域山山水水的热爱和满腔情思交织在一起，有如一株并蒂双开的花朵，使得《猎神歌》具有强烈的艺术感染力和美感效应。

十八　德昂族典籍

德昂族原名"崩龙族"，1985 年后改为现称。主要分布在云南省德宏傣族景颇族自治州和镇康、耿马、永德、保山、澜沧等县，人口 2.0556

---

① 伩延春：《怒族文学史》，云南民族出版社 2003 年版，第 73—74 页。

万。德昂族有本民族语言和文字，但文字流传不广，大多会使用汉文或傣文。

创世神话史诗《达古达楞格莱标》① 可作为德昂族首批"走出去"的代表性典籍。史诗分五部分，600 余行。"达古达楞格莱标"意为"先祖的传说"，描述了德昂族先民独特的宇宙观、记载了德昂族远古时期的婚姻从原始群婚到血族婚、族外婚、对偶婚，再到一夫一妻制的演变过程。《达古达楞格莱标》是一部关于茶的赞歌。在史诗中，茶叶是宇宙之源，茶叶是万物的阿祖，茶叶创造了人类，茶叶为人类排忧解难。下面一节就描绘了茶叶为人类驱走洪水的场景：

> 黑暗刚刚消失，
> 洪水又泛滥，
> 五十一对兄妹呼声连天，
> 惊醒了智慧的帕达然。
> 他伸个懒腰把地震裂，
> 让水往地下流淌；
> 他打个哈欠唤来风，
> 让茶叶姐妹去施展力量。
>
> 堆得九万九千九百尺高的茶叶，
> 哗啦啦冲开天门两扇，
> 驾着清风驱洪水。
> 茶叶到处洪水退让，
> 洪水退处大地出现，
> 德昂山的泥土肥沃喷香，
> 因为它是祖先的身躯铺成。
> 每座山林都有吃的，

① 赵腊林翻译，陈志鹏整理：《达古达楞格莱标》，《山茶》1985 年第 2 期。

　　　　阿公阿祖留下了金仓。①

　　这说明自远古以来，德昂人的生活就和茶叶息息相关，所以茶叶成了德昂人想象、寄托美好情感的对象。德昂族家家都种茶，并嗜浓茶，茶叶还是德昂族馈赠亲友的最佳礼品。

十九　独龙族典籍

　　独龙族主要聚居在云南省怒江傈僳族自治州贡山独龙族怒族自治县的独龙河两岸，也有少数散居在贡山县北部的怒江两岸，人口 6930 人。独龙族有本民族语言，但无文字。

　　创世神话史诗《创世纪》可作为独龙族首批"走出去"的代表性典籍。史诗分"人类的起源""人与鬼的斗争""洪水滔天""祭神的由来""娶媳妇""卡雀哇"六部分，800 余行。《创世纪》被视为独龙族的"根谱"，融神话、传说、歌谣、记事于一体，曲折地反映了独龙族早期的社会发展过程。如"娶媳妇"一节叙述了独龙族先民的生活智慧：

　　　　"我的亲戚是女婿，

　　　　这事与你有关系，

　　　　只要你办得到我说的事，

　　　　我就把女儿嫁给你。"

　　　　彭根朋听了把头点，

　　　　摩拳擦掌，接受老人的考验。

　　　　老人让他制服蝮蛇，

　　　　他猛扑过去，

　　　　按住蛇的七寸把它捉。

────────────

① 　赵腊林翻译，陈志鹏整理：《达古达楞格莱标》，《山茶》1985 年第 2 期。

老人让他摘下蜂窝，

他用烟草熏跑了土蜂没被蜇。

老人让他爬上树梢，

他往手上涂了些树胶。

两脚一蹬，快如闪电，

转眼爬上了九天云霄。①

《创世纪》记录了独龙族先民对自然的认识过程，而且展现了他们丰富的想象力和多彩的生活。

二十 基诺族典籍

基诺族主要聚居在云南省景洪县基诺乡及其附近地区，人口 2.3143 万。"基诺"为本民族自称，意为"舅舅的后代"或"尊敬舅舅的民族"。基诺族有本民族语言，但无文字。

习俗长诗《米摸绕摸》可作为基诺族首批"走出去"的代表性典籍。"米摸绕摸"在基诺语中意为"女做男做"，是一部在举行婚礼时由一男一女对唱助兴的长歌，共分七部分，1600 余行。《米摸绕摸》以唱叙基诺族的奇异的人生礼仪为主线，穿插生产、生活技艺以及与基诺族人民生活关系密切的宗教信仰和宗教礼仪。下面一个片段描写了基诺族青年男女初恋的奇特风俗：

女：心上的阿哥你听我说，

你不嫌弃我家穷，

你不嫌弃阿妹笨，

---

① 中国歌谣集成云南卷编辑委员会：《中国歌谣集成：云南卷》（下），中国 ISBN 中心出版社 2003 年版，第 309—310 页。

阿妹我心里真高兴，

吃过晚饭忙起身，

直直就奔"尼高卓"。

"尼高卓"里的人多似茅草林，

老老小小如同芭蕉果，

我不能公开把你叫，

我不能放肆撵他们，

只好端起染齿的漆递过去，

阿妹我左等右等心着急，

弹起黄竹口琴叫你的名，

不知阿哥你可听得出，

阿妹我在呼唤你？

男：心上的阿妹你听我说，

阿哥我戴上你送的"交喵"花，

又把送你的肉包来装好，

我手弹三弦四处找，

这家那家把你叫；

远远我听到"奇亏"声，

知道阿妹把我叫，

"尼高卓"里人太多，

阿哥我不能与你来说笑，

明知舌头舔不到鼻子上，

阿哥我却想把众人来赶跑。

我挡着风来弹起弦，

默默地把心里话儿掏。①

---

① 刘怡、陈平编：《基诺族民间文学集成》，云南人民出版社1989年版，第265—266页。

基诺族男女青年恋爱分"巴漂"（初恋）、"巴波"（确定恋爱关系）、"巴勒"（请求同居）、"巴里"（同居）四个阶段。上述片段描写的就是"巴漂"，即初恋阶段。"巴漂"一般在"尼高卓"里进行。每个寨子一般有几个"尼高卓"，设在房屋宽敞、和蔼好客的人家里，是供大家玩耍的社交场所。在"尼高卓"里，规定不得公开谈情说爱，男女青年只能悄悄眉目传情，或借乐器暗暗传递信息。但私下里可秘密互送礼物。上述片段还唱到了基诺族的"染牙"习俗。基诺人以牙齿黑为美，往往把燃烧的花梨木闷在竹筒里，用熏出的黑汁涂在牙齿上。将《米摸绕摸》译介到世界各地，向世界展示我国多彩的少数民族文化，对增强中华文化的国际吸引力，意义重大。

二十一　苗族典籍

苗族主要分布在贵州、湖南、云南、四川、广西、湖北、海南等省、区，人口942.6007万。苗族有本民族语言，并分为湘西、黔东和川黔滇三大方言，无文字，大多通汉语和汉文。

创世史诗《苗族古歌》可作为苗族首批"走出去"的代表性典籍。《苗族古歌》是我国流传下来的唯一非宗教典籍的创世纪史诗，也是集苗族历史、伦理、民俗、服饰、生产劳动、住房、生态环境等为一体的百科全书。《苗族古歌》分"创造宇宙""枫木生人""浩劫复生""沿河西迁"四部分，10000余行。

《苗族古歌》生动地反映了苗族先民对天地、万物及人类起源的解释，讲述了苗族的大迁徙、苗族的古代社会制度和日常生产生活，充满了浪漫主义和理想主义色彩。史诗大量运用比喻、夸张、排比、拟人、反问等多种修辞手法，如其中关于"树种"从树上散落、飘零、繁衍的片段：

> 树种妈妈上天去，
> 树种住在哪个家？
> 树种住在雷公家，

　　　树种住了三年整，
　　三个年头春对春，
　　三个年头整整的。
　　住得久了就寂寞，
　　树种要想走出去。
　　接着又去哪家住？
　　接着去住月亮家。
　　月亮家已住过了，
　　最后去住哪个家？
　　最后去住哈道家，
　　又是住了三年整，
　　三个年头满满的，
　　住了整整三周年。
　　住得太久就寂寞，
　　树种又想走出去，
　　树种不愿住这里。
　　树种去住哈道仓，
　　哈道因为开鱼塘，
　　开沟放水向东流，
　　树种就随沟水淌。
　　哪一个是力气大，
　　它们跑去乱摇动，
　　去摇树种落下来？
　　东方卷风好力气，
　　东风就去乱摇动，
　　去摇树种落下来。
　　别个掉落轻轻下，
　　树种掉落太急促，
　　树种跌倒翻滚下，

　　　　　树种纷纷往下落，

　　　　　陷进地里一拃深，

　　　　　九岭石板来盖住。

　　　　　哪一个的眼力好？

　　　　　哪一个的力气大？

　　　　　就是蚂蚁眼力好，

　　　　　就是老鼠力气大，

　　　　　喂呀嘿呀用力抠，

　　　　　嘿呀嘿呀抠到了。①

　　《苗族古歌》表现了万物有灵、生命神圣、众生平等、人与自然共存共荣的朴素的生态伦理思想。

二十二　布依族典籍

　　布依族主要聚居于贵州省黔南、黔西南两个布依族苗族自治州及贵州、云南、四川的部分地区，人口 287.0034 万。布依族有本民族语言，古代使用本民族文字，但现已失传。

　　"摩经"为布依族最具价值的典籍，堪称布依族的"圣经"。"摩经"是布依族的传统知识体系，记载了布依族的历史，反映了布依族哲学、宗教、伦理观念等重要精神文化内容。"摩经"是在布依族的信仰基础上形成的，在历史的长河中为布依人所享用，塑造了布依族文化的基本面貌，是布依人心灵栖息的家园。"摩经"最初是布摩在从事祭祀、占卜、禳灾、驱邪等活动时诵唱的经文，主要有《祭祀经》《丧葬经》《用牛祭祖词》《招魂经》《六月六祭词》等。后来，"摩经"逐渐下移，变成一种文学体裁，全面地记录布依族的历史发展行程，展现了布依族人民的思想、语言和文化水平，在布依族人民中流传较广的有《安王与祖

---

① 贵州省少数民族古籍整理出版规划小组办公室编：《苗族古歌》，贵州民族出版社 1993 年版，第 410—413 页。

王》《十二层天十二层海》《开天辟地》《擒雕歌》《驱虫记》《开年歌》《忆恩歌》等。

《安王与祖王》可作为布依族首批"走出去"的代表性典籍。《安王与祖王》(《罕温与索温》) 主要讲述的是同父异母两兄弟安王与祖王为争夺王印和财产而进行殊死斗争的故事,分"盘果王""安王""祖王""相斗"四部分,1500 余行。故事发生的背景是布依族由氏族社会向奴隶制社会过渡时期。安王和祖王是同父异母兄弟。祖王长大后,在其母的教唆、支持下滋长了杀兄夺权的野心。祖王不惜采取种种毒辣的巫术手段谋害安王。兄弟之间的矛盾冲突日益尖锐,经过长期争斗,祖王失败,向安王求和。安王并未将祖王置于死地,而是选择了原谅祖王。这体现了中华民族"和为贵"的传统理念。

《安王与祖王》具有较高的文学性,所塑造的人物形象鲜明生动——安王忠厚善良、孝顺父母、亲和兄弟、宽容忍让;祖王从小被父母溺爱,自以为是、狂傲不羁、自私凶狠;后母奸诈、凶残、骄横跋扈。下面一个片段就描写了安王、祖王二人小时候截然不同的性格:

> 大哥用力开上坝,
> 小弟使力开下坝,
> 他们母亲送中饭,
> 母亲送了午饭来,
> 母亲把饭分两盒,
> 各人煮了各样饭,
> 各人煮了各样菜。

> 大哥在上丘吃饭,
> 小弟在下丘吃饭,
> 小弟喊着问大哥:
> "大哥哥呀大哥哥!
> 大哥吃的什么菜?

大哥吃的什么饭?"

大哥开口回答,
大哥开口答道:
"东南菜下小米饭,
吃得滑溜滑溜的。
你吃的什么呢弟弟?"

弟弟开口来回话,
弟弟开口回答说:
"我吃鲜鱼白米饭,
吃得艰涩艰涩的。
哥哥! 你吃什么?"

哥哥开口来回答,
哥哥开口回答说:
"我吃籼米和红稗,
吃得心情好愉快,
苦马菜下高粱米,
个头长高了一节,
野荞菜下苦荞粑,
没什么比它好吃。
吃了有力气挖土,
吃了有力气挖良田。
谢谢我们的母亲,
弟弟,你吃什么呢?"

弟弟开口来回答,
弟弟开口回答说:

"我吃鸡腿下晚米，

吃得艰涩艰涩的，

吃起来卡着嗓子，

一点也吃不下去！

这样说起来，

妈煮了不同的饭，

妈做了不同的菜！

这样做天下怕要散了！

这样做地方怕要乱了！

要让妇女当权，

哥呀，地方要混乱了！

爹要妇女当家，

将来咱村寨要散了，

将来咱地方要坏了，

咱王位要保不住了！"

哥哥开口来回答，

哥哥开口回答说：

"不要说了好弟弟！

不要吵了好弟弟！

不要闹了好弟弟！

更不要骂啊弟弟！

别在背后骂父母！

小米就小米，

红稗就红稗，

别在背后说父母。

苞谷就苞谷，

苦荞就苦荞，

吃了它也会长大，

红稗也是粮，

有了柴火三脚架，

长的植物都能吃。

在山上说的话丢山上，

在地里说的话丢地里，

晚上回家别说了，

吃晚饭时别讲了。"①

《安王与祖王》通过对安王事迹的描写，颂扬了孝悌仁爱、和为贵等道德观念，对听者和读者都起着教化作用。

二十三　侗族典籍

侗族主要分布在贵州省的黎平、从江、榕江、天柱、锦屏，湖南的新晃、靖县、通道和广西的三江、龙胜等县，人口 287.9974 万。侗族有本民族语言，但无文字，大都通汉文。

侗族流传较广的典籍有创世英雄史诗《嘎茫莽道时嘉（侗族远祖歌）》、神话《救月亮》、祭词《阴师言语》《东书少鬼》、长篇叙事诗《侗族祖先哪里来》《珠郎娘美》《放排歌》《咸同"六洞"起义歌》《白玉霜》等。

创世英雄史诗《嘎茫莽道时嘉（侗族远祖歌）》可作为侗族首批"走出去"的代表性典籍。《嘎茫莽道时嘉》共分 10 篇，9000 余行，其中前三篇为创世史诗，叙述创世女神萨天巴开天辟地，孕育人与各种生物，直至洪水滔天，兄妹成亲、人类再生。后七篇为英雄史诗，从第一代族长王素率族众南迁始，依次叙述一代代民族领袖和全族群众与外族、瘟疫等天灾人祸艰苦斗争的历程，展现了一个民族的苦难史与成长史，中间穿插了各种奇异的神话、传说以及世俗故事。《嘎茫莽道时嘉》的后七篇，较真

---

① 伍文义、韦兴儒、周国茂编：《布依族摩经文学》，贵州人民出版社 1997 年版，第 126—128 页。

实地呈现了侗族古代的政治军事联盟——"款"制的建立与完善。每遇推举族长、作战、迁徙这类涉及全族的大事，都要由"款首"召集"款众"，共同商议后作出决定。如史诗中叙述甫刚雅常"起款"欲帮助国王的场景：

> 甫刚雅常看过诏书，
> 十分同情国王，
> 诏书字行不多，
> 却是情深意长。
>
>
> 甫刚雅常决定起款，
> 聚众鼓声传遍四方，
> 鼓声招来腊罕将罕和头人，
> 鼓声招来各团各寨的洼相。
> 九十九位头人席坐款碑前，
> 腊罕将罕列队款场上。
> 甫刚雅常上款台，
> 拔出长刀闪闪亮，
> 一刀砍落雄鸡头，
> 鸡血注入牛角觞。
> 甫刚雅常喝罢了血酒，
> 两把长刀高举在头上：
> "无理不击法鼓，
> 无由不聚款众。
> 倘若我俩无理击鼓，无由聚众，
> 就像此鸡一样！"
>
>
> 甫刚雅常念咒三遍，
> 取出祀祖龙杖，

祖杖光彩照人，
端端正正竖在供桌上。

甫刚对众人说，
声如炸雷惊天响：
"今天击鼓聚众，
今天紧急起款。
不是抵抗来犯的流匪，
不是追拿劫寨的强梁。"

"信使送来诏书，
灾难降临宫墙，
国王身染重病，
王子不理朝纲。
外敌袭扰边境，
大臣无能安邦。
国王传下旨意，
邀我甫刚雅常，
此事关系重大，
需由全教会商。"

雅常对众人说，
声似霹雳击山冈：
"银子白白晃晃，
金子亮亮堂堂。
信誉重过千山万岭，
千银万金都比不上。
当年国王与我们结为至交，
如今国王有难理应相帮！"

　　　　甫刚雅常说明了情由，

　　　　头人款众认清了真相，

　　　　大家依次上台投草标，

　　　　一致听从甫别雅常做主张。①

　　《嘎茫莽道时嘉》保存了侗族氏族社会生活的真实图景，形象地记录了侗族先民的生活生产、对大自然的探索与追求，是侗族早期生活的百科全书。

二十四　水族典籍

　　水族主要聚居在贵州省三都水族自治县，其余分布在贵州的荔波、独山、都匀、榕江、从江等县及广西的融安、南丹、环江、河池等县，人口41.1847 万。水族有本民族语言，古时有巫师占卜时使用的水书，但现已停止使用，水族大多通汉文。

　　创世神话古歌《开天立地》可作为水族首批"走出去"的代表性典籍。《开天立地》极富想象力地叙述了天地形成及人类来源等一系列玄妙的问题，富有浪漫主义色彩。《开天立地》分"开天立地""创造日月""造山造树""战胜野兽""创造发明""治理洪水""恩公踩地"七部分，600 余行。伢娲，也有写作牙娲、牙仙、牙巫或牙福，是水族神话中最高权威的仙神，本领高强，开天辟地，创造万物。下面一个片段描写了伢娲开天辟地，造人之后又赋予人类以智慧的情景：

　　　　初造人，没田没地；

　　　　初开天，没棉没米。

　　　　太古人，净吃草根；

　　　　睡草地，葛藤缠身。

　　　　藤作带，蕉叶作衣；

---

① 杨保愿翻译整理：《嘎茫莽道时嘉（侗族远祖歌）》，中国民间文艺出版社 1986 年版，第192—194 页。

遮雨露，穿不暖身。

那年月，男女懵懂，

只会吃，不知别的。

不会算，也不会想。

不会算，同虎相随；

不会想，与龙相处。

和野兽，成群浪游；

与雷公，道弟称兄。

到后来，伢娲才分；

将愚昧，留给兽类；

把智慧，送给人群。①

在《开天立地》中，水族先民通过艺术手法，把自己的愿望和理想汇聚在神灵的身上，反映了水族早期朴素的宇宙观。

二十五　仡佬族典籍

仡佬族大多散居在贵州省遵义、仁怀、安顺、关岭、普安、清镇、平坝、黔西、大方、织金、金沙、贞丰、晴隆、六枝、水城等市县，少数分布在广西壮族自治区隆林各族自治县和云南省广南、马关、富宁等县，人口 55.0746 万。仡佬族有本民族语言，但会使用仡佬语者人数不多，多使用汉语、汉文。

《祭山歌》可作为仡佬族首批"走出去"的代表性典籍。《祭山歌》是仡佬族在每年农历三月初二或初三祭山时的唱词，分"三月三"和"祭山神"两部分，700 余行。《祭山歌》诉说了兄妹成亲繁衍人类，九兄弟奉天神敖伟赶山填海，但最终将山留给地处当抱（西南方位）的仡佬族人民，仡佬族人民为感谢他们，视他们为山神，每年三月初二或初三

---

① 贵州省民族事务委员会、中国民间文艺研究会贵州分会编：《民间文学资料（第四十六集——水族双歌单歌集）》，中国民间文艺研究会贵州分会编印 1981 年版，第 4—5 页。

都要摆丰厚贡品祭拜。同时，祈求山神为百姓祛除病魔，赐福于仡佬族人民。下面一个片段就讲述了仡佬族"祭山"的由来：

一天敖伟又传令：
"要把海洋来填平
九人先往东南去，
然后再往西北行，
大小山坡都赶走，
汪洋大海都填平。
各领一根神鞭去，
加封山官各一回。"
地坡由他九人管，
从古相传到如今。
九人领了敖伟令，
急急忙忙远方行。
先往东南去，
再往西北行，
每人用绳缚个坡，
手扬神鞭坡上骑。
前面山坡无数座，
好像牛羊一大群，
有的山坡像狮子，
有的山坡像虎形，
奇形怪状样样有，
越看越觉很稀奇。
有位老翁胆子大，
想把山坡来留住。
老翁主意已下定，
便向九人把话提：

"眼看天色快黑了，
今晚歇脚住一夜，
明早赶山再起程。"
九人难却老人意，
勉强留下歇一夜。
兄弟九人都已睡，
老翁赶紧造假鞭。
三更之前鞭造好，
三更鸡鸣去换鞭，
神鞭已被假鞭换，
烧了真鞭留假鞭。
天明九人把床起，
迅速跑去拿神鞭，
各人骑上各的山，
吆喝扬鞭使劲赶，
扬鞭挥打无数次，
山坡巍然不向前。
此时方知受了骗，
手中持的是假鞭，
神鞭早被假鞭换，
哪能赶动这些山。
兄弟九人气昏了，
心里难过口难言，
若是山坡赶不走，
性命一定难保全，
敖伟之令违抗了，
追究下来还了得！
思来想去无是处，
一气之下把酒端，

各人痛饮一碗酒，
以酒壮胆再骑山，
凭着酒兴奋力赶，
不幸累死在高山。
敖伟得知这桩事，
下到凡间查根源。
由来已经查清楚，
九人死得真壮烈。
敖伟不追他们罪，
还令留下这些山。
他们赶山献生命，
从此当抱才有山。
敖伟表彰其功绩：
生前他们管地盘，
死后追封为山神。
敖伟追封时，
恰是三月三。
敖伟封了代代传，
从古至今才祭山。①

《祭山歌》唱出了仡佬族对大山的深厚情感，反映了仡佬族对大自然的敬畏和依赖，体现了人与自然和谐相处的生态伦理意识。

第四节　中南东南地区少数民族典籍"走出去"选题规划

我国中南、东南地区主要有壮族、瑶族、仫佬族、毛南族、京族、土

---

① 贵州省安顺地区民族事务委员会编：《仡佬族古歌》，贵州民族出版社 1991 年版，第 7—9 页。

家族、黎族、畲族、高山族九个少数民族。

一　壮族典籍

壮族是我国人口最多的少数民族，主要分布在广西壮族自治区、云南省文山壮族苗族自治州，少数散居在广东、湖南、贵州、四川等省，人口1692.6381万。壮族有本民族语言，古时有土俗字，用于书写经文、记事，但现已基本不使用。壮族大多通汉语、汉文。

创世史诗《布洛陀》可作为壮族首批"走出去"的代表性典籍。"布洛陀"为壮语音译，意为"山里的头人""山里的老人"或"无事不知晓的老人"等。《布洛陀》入选首批"国家级非物质文化遗产名录"，版本较多，主题大同小异，有的版本长达一万余行。史诗生动描述了壮族始祖神布洛陀造天、造地、造太阳、造日月星辰、造火、造谷米、造牛、造文字历书、造伦理道德等的过程，告诉人们天地日月的形成、人类的起源、各种农作物和牲畜的来历，以及远古时期人们的生活习俗等，贯穿着自然崇拜、祖先崇拜的原始宗教意识。《布洛陀》描写细腻生动、浪漫夸张、趣味横生，极具文学性，如史诗中描写天地混沌未开时的情景：

> 远古的时候，
> 天与地紧紧重叠在一起，
> 像一块坚硬的岩石
> 不能分离，
> 那时候没有人类村庄，
> 也没有雷电风雨，
> 更没有州府神庙、
> 猪狗羊鸡。
>
> 突然一声霹雳，
> 使宇宙震颤，

大岩石"轰隆"一声，
裂成了两片。
下面一片往下落，
成了人类居住的地，
上面一块往上升，
成了雷公居住的天。
从此地上有了生物，
天上有了风云，
空中飞舞着百鸟，
山中奔跑着兽群。

可那时天很低，
伸手可以摘下星星装到篮里，
也可以随手扯下云彩玩耍，
做成五色的彩衣。

天地靠近有天地靠近的坏处，
太阳太毒，
使万物焦枯，
太阳太热，
使人如汤煮，
这样的日子怎能富足？

天上的雷公轻轻打鼾，
地上的人们，
就被炒得不能睡眠，
天上的雷公若大吼大叫，
地上就好像山崩地裂，
使人又惊又恼，

这样的生活怎能算好?①

《布洛陀》在漫长的口头传承过程中,经过一代代的不断加工和锤炼,艺术性得到了完善和提高,既可以帮助人们认识历史,又可以满足人们对美的追求的愿望。

二 瑶族典籍

瑶族主要分布在广西、湖南、云南、广东、江西、海南等省区的山区,是我国南方比较典型的山地民族,人口 279.6003 万。瑶族有本民族语言,但无文字,大都通汉文。

瑶族古歌比较发达,较著名的有《密洛陀》和《盘王歌》。创世古歌《密洛陀》可作为瑶族首批"走出去"的代表性典籍。"密洛陀"为瑶语音译,意为"古老的母亲"。在古歌中,密洛陀是瑶族人民崇敬的女始祖、创世之母,是一位创造万物的女神。《密洛陀》分34章,14000余行,描述了女神密洛陀开天辟地、创造人类的壮烈业绩;瑶族先民迁徙的原因和经过;瑶族各分支的家族谱系等内容。同时,古歌融历史、地理、风俗、信仰、民约于一体,是瑶族的百科经典。《密洛陀》还描写了瑶族人民热爱大自然、与其他民族人民和谐共处的场景:

咿吙——在我们布努人的家园,
在我们东努人的故乡。
群兽自由嚎啸,
百鸟欢快鸣唱。
峻岭连绵起伏,
森林覆盖山冈。
村寨一座一座在山腰,
墟镇一处一处在山旁。

---

① 张妍编著:《中国十大创世神话》,河南人民出版社 1998 年版,第 455—456 页。

大河流经田野，

小溪绕过村庄。

平地稻谷茂盛，

丘陵玉米茁壮。

生活在广袤的人世上，

东努、东关、东羌，

大家彼此尊重，

大伙互相来往。

佳节在一起唱分比，

婚嫁在一起唱萨旺。

同年与同年结交深，

同辈与同辈友好长。

就像一族人一般，

就如一家人一样。

劳动在辽阔的人世间，

东努、东关、东羌，

大家和睦相处，

大伙互敬互让。

有酒分半碗来对饮，

有茶分半筒来品尝。

一家有福万家来贺，

一户有难万户来帮。

人人爱美爱好，

个个心地善良。①

《密洛陀》向世人展示了瑶族的社会历史面貌、高尚的伦理道德情

---

① 蓝怀昌等搜集翻译整理：《密洛陀（布努瑶创世史诗）》，中国民间文艺出版社1998年版，第
2—3页。

操、各种风俗习惯以及对美好生活的不懈追求。

三　仫佬族典籍

仫佬族主要分布在广西罗城仫佬族自治县。其余散居在广西忻城、宜山、柳城、都安、环江、河池等县，人口 21.6257 万。仫佬族有本民族语言，但无文字，大多通汉语、壮语，使用汉字。

《潘曼的故事》可作为仫佬族首批"走出去"的代表性典籍。《潘曼的故事》是围绕潘曼这一个传奇和智慧人物，展开一系列与地主、官吏、奸商及恶霸斗智斗勇的故事集，共 20 个故事，约两万字。潘曼是仫佬族民间传说中一个阿凡提式的人物。潘曼出身贫苦，当过长工，为人聪明机智，诙谐幽默而又刚正不阿，见义勇为，专爱打抱不平，常常弄得一些地方官吏和财主老爷丑态百出，狼狈不堪。他是仫佬族人民智慧和反抗精神的化身。如其中一个潘曼为弱小者打抱不平、整治财主的故事：

在财主家帮工的，最受罪的要数放牛娃小狗了。每天天还没亮，他就得起床扫地、喂牲口、倒尿盆。一日三餐，他都得等别的长工吃过后，才能最后一个吃点残汤剩饭。有些餐剩多，还能勉强吃个饱；有些餐剩少，只能吃上几口；有的餐一点也没有了，他只好饿着肚皮去放牛。财主佬还说："你年纪小，只干点放牛割草的轻活路，吃不吃不要紧。"潘曼见财主这样欺负小狗，非常气愤，就给小狗出了个主意。

这天，小狗去放牛时，砍了很多很多的水杨柳，织成一个个牛嘴笼，把所有小牛的嘴巴都笼起来。晚上赶牛回来，财主见了，气得脸色发青，凶狠地责问小狗："为什么把小牛的嘴都笼起来？"小狗回答说："小的不会犁田，吃不吃不要紧。"

财主害怕小狗以后每天放牛都把牛嘴笼起来，把牛整死，只好给他和长工们一道吃饭了。①

---

① 包玉堂等编：《仫佬族民间故事选》，上海文艺出版社 1988 年版，第 206—207 页。

《潘曼的故事》内容丰富，题材鲜明，故事中呈现了特定历史条件之下仫佬人的思想、情感及仫佬族社会的生活状况，在一定程度上折射出仫佬族的民族文化特征。

四　毛南族典籍

毛南族原称"毛难族"，1986 年改为今称。毛南族主要聚居在广西环江县，其余分布在广西河池、南丹、宜山、都安等地，人口 10.1192 万。毛南族有本民族语言，但无文字，几乎都通汉语和壮语，现通用汉文。

神话叙事长诗《枫蛾歌》可作为毛南族首批"走出去"的代表性典籍。《枫蛾歌》分"引歌""遗腹子""好媳妇""会夫君""报娘恩""伴孤灯""尾歌"七部分，400 余行。长诗以深沉的笔触，描绘了旧时代毛南族女性的苦难生活和悲惨命运，以及毛南族女性不向命运低头、奋力抗争的故事。妮迈被族长赶出村寨之后，独自一人在深山生活。她并未被困难吓倒，昼夜辛苦劳作，三个春秋之后就"猪牛满栏粮满仓"，还把蚕宝宝当儿子来养，实则寄托了对夭折的幼子的思念：

> 一张饭桌四四方，
> 妮迈独自坐一旁，
> 三面空空无儿坐，
> 鸡鸭把腿无人扛。

> 忽见门楣细腰蜂，
> 口叼青虫当仔养，
> 莫非花婆开了眼，
> 妮迈求仔得秘方。

> 手捧枫蚕像捧金，
> 望蚕感恩化成人，
> 莫要再生双翅飞，

莫离我家进山林。

给蚕做个大摇篮，
喂饭喂菜当亲生，
窸窸窣窣像讲话，
大眼晶晶望亲娘。

辛勤喂养春过春，
许愿苍天扑扑长，
檀香龙床鹅绒被，
娶来嫦娥配儿郎。①

《枫蛾歌》虽然主要描写的是毛南族女性的不幸遭遇，但也从侧面反映了毛南族女性勤劳、乐观的生活态度和对未来美好生活的期盼。

五　京族典籍

京族主要聚居在有"京族三岛"之称的广西壮族自治区防城各族自治县江平乡的污尾、巫头、山心三个小岛上，其余分布在广西的谭吉、红坎、恒望等地，人口 2.8199 万。京族有本民族语言，但无文字，绝大多数京族人通汉语、汉文。

在漫长的历史长河中，京族人以自己的聪明才智创造出了丰富多彩的民间故事和传说，如《计叔的故事》《三岛传说》《珠子降龙》《海花》《海妹和海哥》《董永与刘姑娘》《海龙王开大会》《三姑爷揽鸭》等。这些故事和传说以描述海洋神话和人类征服海洋的事迹为主要特征，从各个侧面记录了京族人的历史生活，反映了京族人的理想和愿望。

《计叔的故事》可作为京族首批"走出去"的代表性典籍。《计叔的故事》由九篇故事组成，讲述了计叔敢于伸张正义，与县官、财主、奸

---

① 卢玉兰、谭月亮传唱，蒋志雨、谭贻生等整理：《枫蛾歌》，《民族文学》2009 年第 2 期。

商智斗的故事。下面一则故事就讲述了计叔与吝啬的财主之间针锋相对的斗争：

> 计叔在劳动上是一个能手，同是一亩水田，别人要犁一天半；他只消半天就犁完啦，犁得又深、又匀、又好。因此，每年冬至季节，财主都喜欢请他做短工，犁田翻地。
>
> 这年冬至季节，他在一个财主家帮工。在吃大粽的时候，吝啬的东家总是把香喷喷的粽馅挖吃个干干净净，才把剩下的粽边留给计叔吃。计叔全不在意，埋头吃得津津有味，什么话也不说，吃饱了把筷子一放，就又扛着犁赶牛犁田去了。天天如是，财主满意极了。
>
> 等到把田犁完，计叔告辞走了。这时财主欢欢喜喜地来到自己的田地上。他看见每块田都是犁中间的部分，田的四周都原封没动。他不禁大发雷霆，跑去责问计叔，计叔笑着说："这不是很明白吗？你吃粽怎么个吃法，我犁田也是怎么个犁法啊，这是天公地道的哪！"
>
> 财主像哑巴吃黄连，再也做声不得了。[①]

《计叔的故事》富有现实主义色彩，充分表现了京族人民的智慧和敢于伸张正义的斗争精神。

六 土家族典籍

土家族主要分布在湖南省的永顺、龙山、保靖、桑植、古丈等县，湖北省的来凤、鹤峰、咸丰、宣恩、利川、恩施、巴东、建始、五峰、长阳等市县，重庆市的酉阳、秀山、黔江、石柱、彭水等县，人口 835.3912 万。土家族有本民族语言，但无文字，大多通汉语、汉文。

叙事长歌《摆手歌》可作为土家族首批"走出去"的代表性典籍。《摆手歌》又称《社巴歌》，是土家族巫师"梯玛"和摆手掌坛师在传统

---

① 苏润光等编：《京族民间故事选》，中国民间文艺出版社1984年版，第44页。

民俗摆手活动中，为纪念全民族的祖先、祈求后代兴旺发达、年丰人寿而演唱的叙述历史的古歌。摆手活动是土家族的大型祭祀活动和传统的文艺盛会，土家语叫"社巴日"，是土家族特有的民俗，历史久远悠长。《摆手歌》分"天地、人类来源歌""民族迁徙歌""农事劳动歌""英雄故事歌"四部分，5000 余行，是古代土家族人民社会生活的百科全书。《摆手歌》向土家族世世代代人民传授着生产经验和生活知识，也是维系与稳定土家族人民共同心态的重要精神纽带。土家族的子孙后代，从这部特殊的知识总汇中潜移默化，受到陶冶，并汲取精神力量。下面一个片段描绘了土家族人民齐心协力、勇斗"人熊"的过程：

那一年，有一天，
大龙山上来了个怪物。
站着走路，
身披红毛，
眼若铜铃，
手如尖刀，
牙像锯齿，
鼻孔高翘。
吃人吃牛，
人畜遭殃。
这是人熊，
为害一方。
大家拿斧拿刀，
放出猎狗围山。
合力齐心除祸害，
你一斧头我一刀。
刀子斧头砍不进，
不伤皮肉不伤毛。
人熊眯着眼睛，

　　　　张开嘴巴好笑。

　　　　怪物砍不死，

　　　　大家无主意；

　　　　祸害赶不走，

　　　　唉声又叹气。

　　　　有个白胡子公公，

　　　　想出了一条好计。

　　　　他要大家照常上山，

　　　　十个手指都套竹筒。

　　　　路上碰到人熊，

　　　　乖乖站住等候。

　　　　伸出手指对它，

　　　　让它掐住竹筒。

　　　　人熊笑得好得意，

　　　　人手乘势就抽出。

　　　　人多势众，

　　　　团团围住，

　　　　对他背后猛然一叉，

　　　　人熊滚下了万丈岩。

　　　　平淋盘南像滚瓜，

　　　　人熊脑壳开了花。

　　　　众人用计除人熊，

　　　　从此人熊绝了迹。①

　　勇斗人熊，表现了土家族人民不怕困难、团结互助、敢于反抗的正义精神。《摆手歌》中蕴藏着土家族远古历史、迁徙路径、军事、宗教信

---

① 湖南少数民族古籍办公室，彭勃、彭继宽整理译释：《摆手歌》，岳麓书社 1989 年版，第198—200 页。

仰、民俗、语言、体育等直到早期农业与手工业的许多极有科学价值的珍贵资料。

七 黎族典籍

黎族主要聚居在海南省琼中县、白沙县、昌江县、东方县、乐东县、陵水县、保亭县、通什市、三亚市内，其余散居在海南省万宁、屯昌、琼海、澄迈、儋县、定安等县，人口146.3064万。黎族有本民族语言，但无文字，大多通汉语、汉文。

创世史诗《五指山传》可作为黎族首批"走出去"的代表性典籍。《五指山传》分"序歌""天狗下凡""五指参天""布谷传种""雷公传情""海边相遇""成家立业""儿大当婚""分姓分支""尾歌"十部分，3800余行。史诗描绘了日月的形成、黎族的起源、各种动植物的由来、黎族婚姻形式的演变、生活习俗、宗教伦理等内容。史诗还反映了黎族先民征服恶劣自然环境的乐观精神和与山鹿、山猴等动物和谐相处的原始生态伦理：

> 山梁水漫漫，
> 山崖从未干，
> 吃的无处找，
> 住的也艰难。

> 浪游如孤雁，
> 惯爬树丫间，
> 躺在树头下，
> 过夜大石岩。

> 无须怨与叹，
> 万事从头牵，
> 力足不怕苦，

心灵好种田。

做斧把山砍，

编箩把岭搬，

山鹿来帮衬，

山猴也声援。

爬高下低坎，

搬土填泥滩，

大石留做岭，

大水下深潭。

天人有情感，

天雷来引牵，

劈山开大岭，

岭与山相含。

山崩出溪岸，

石填成岭弯，

分高又分矮，

有水有山峦。①

《五指山传》对于研究黎族的社会发展史以及研究民族学、民俗学、方言学和民间文学，有着极其宝贵的文献价值。

八　畲族典籍

畲族是我国典型的散居民族之一，主要分布在福建福安、浙江景宁和

---

① 孙有康、李和弟搜集整理：《五指山传（黎族创世史诗）》，暨南大学出版社 1990 年版，第 33—34 页。

广东省，人口 70.8651 万。畲族自称"山哈"，意为"住在山里的客人"。
畲族有本民族语言，但无文字，大多通汉语、客家话，使用汉文。

　　"畲族民歌"入选首批"国家级非物质文化遗产名录"，其中较著名
的有《盘古歌》《柄歌》《火烧山》《凤凰山》《度娘歌》《劝酒歌》《借
锅歌》和《引魂》等。神话古歌《盘古歌》可作为畲族首批"走出去"
的代表性典籍。《盘古歌》也叫《龙皇歌》《高皇歌》《盘瓠歌》等，300
余行，叙述了畲族始祖、龙皇盘瓠娶高辛帝的三公主为妻，生下三男一
女，即盘、蓝、雷、钟四姓繁衍为畲族的故事。《盘古歌》还歌颂了盘瓠
平番救国的壮举，淡泊名利、弃官隐居的志向，记载着畲族先民的迁徙路
径、畲族初期的生产、生活技艺和团结、善良、诚信等传统美德，起着对
后辈引导、教化的功能。下面一个片段反映了畲族先民不贪图奢华生活、
俭朴勤劳、自力更生的品格：

　　　　皇帝圣旨讲分居，

　　　　龙皇自愿住出去，

　　　　六个大仓由你拣，

　　　　凭你哪仓搬出去。

　　　　六个大仓作一行，

　　　　仓仓都是发亮光，

　　　　五仓都是金银宝，

　　　　龙皇开着是铁仓。

　　　　六仓都是金锁匙，

　　　　五仓都是好宝器，

　　　　金仓银仓都不要，

　　　　自愿开着是铁器。

　　　　问你帽子爱不爱，

　　　　锁匙分你自己开，

　　　　龙袍纱帽都不要，

　　　　自愿拣个尖笠来，

不愿做官去种田。①

《盘古歌》从各个方面反映了畲族早期的发展情况，歌颂了畲族先民不畏艰难和勤劳勇敢的品德，是畲族文化的"活化石"。

九 高山族典籍

高山族主要居住在台湾省台湾本岛的山地和东部沿海纵谷平原以及兰屿上，少数散居在福建、浙江省等沿海地区。台湾省高山族人口约49.4107万人（2008年），据第六次人口普查，大陆高山族人口为4009人。高山族有本民族语言，但无文字。

高山族口头文学较丰富，尤以神话、传说居多，内容包括人类来源、风俗习惯、生产斗争和自然现象、动物、植物等，流传较广的有《日月潭的故事》《高山族和汉族的来源》《文面的起源》《吴凤的传说》《无人岛的祖先》《人生蛋》《阿里山的传说》《日月潭的独木舟》《射日的故事》《老人授谷种》《乌鸦和翠鸟》《鹰和鹭为什么笨重》《贝珠衣和鸢鸟》和《粟王》等。《日月潭的故事》可作为高山族首批"走出去"的代表性典籍。《日月潭的故事》讲述了大尖和水社夫妇为了找回被恶龙掳走、藏在日月潭里的太阳、月亮，不畏艰险，同恶龙斗争的故事。故事描写生动形象、充满浪漫主义色彩，如其中一个片段：

> 大尖和水社越过了九十九座大山，渡过了九十九条江河，火把燃灭了九十九次，他们走了九十九个白天，九十九个夜晚，干粮只剩下最后的一小块了，但是还望不到太阳和月亮。这一天，夫妻二人正在一个山谷的路边休息，忽然谷口外面闪着耀眼的金光，金光一闪一闪，照得满山满谷通明透亮。夫妻二人看见了光明，忘记了跋山涉水的疲劳，立即朝着闪光的地方奔去。走了不久，遇见一个老婆婆在路旁哭泣。大尖朝老婆婆看了一眼，问道："老妈妈，你哭什么呢？"

---

① 李挺等整理：《畲族〈盘古歌〉》，《中南民族学院学报》1982年第2期。

老婆婆指着一闪一闪亮光的地方回答说："那亮光的地方是一个大水潭，有两条恶龙住在潭里。公龙把太阳吞了，母龙把月亮吞了，那里一闪一闪正是它们把太阳和月亮用舌尖卷来卷去玩，我的儿子和媳妇为了抢救太阳和月亮，都被恶龙抓去了，还不知道死活呢。"

大尖说："我们正是去找太阳和月亮！"

水社说："我们就去把你的儿子和媳妇救出来。"

老婆婆慌忙拉住二人的衣服说："去不得！只要恶龙的龙爪一伸，你们就没命了！"

大尖说："放心吧，老婆婆，我们不怕。"①

《日月潭的故事》通过丰富的艺术想象，折射出高山族先民强烈要求改变社会现实、追求美好生活的积极态度，表现了高山族先民勇敢、顽强的开拓精神。少数民族典籍是中华文化的瑰宝，凝结了中华民族优秀的思想和智慧，体现了中华民族高尚的道德和情操，是中华各民族的文化基因和遗传密码。中国崛起在本质上是中华文明的伟大复兴，在此过程中，通过各民族文化的向外传播，不断释放出中国和平崛起的意愿和能力，在全球进行文化建构、阐释和展示，从而在世界战略格局和秩序中发挥文化影响力。

---

① 洪永固整理：《台湾岛上的青年石像——高山族民间故事》，福建人民出版社 1959 年版，第24—25 页。

第四章

少数民族典籍"走出去"路径规划

随着中国的迅速崛起，中国必然会引起世界的极大关注。从积极方面看，中国式发展道路会得到更多的认可和研究。尤其在全球经济低迷、中国经济一枝独秀的时代语境下，"中国道路""中国模式"必然会吸引世界上众多的目光，必然会促使外界思考中国式发展道路的思想根源。这种思想根源根植于博大精深的中国传统文化之中，必定会引起外界对中国文化浓厚的兴趣和好奇，产生更深入了解中国文化的需求。从消极方面看，外界对中国的迅速崛起会产生各种疑虑或担忧，捏造所谓的"中国威胁论""中国傲慢论"。以美国为首的西方发达国家和周边国家与我国摩擦不断，试图制造各种麻烦来"阻击"中国的快速发展。因此，中国崛起不仅意味着经济的腾飞，还需要化解外界对中国崛起的各种忧虑，提升中华文化软实力，形成广泛的世界认同。

少数民族典籍"走出去"就是以特殊的方式向世界传播中国的传统价值观、传递中国和平发展的意愿和能力，向外界展示中国崛起在本质上是和平的、文化的崛起，是中华民族文明的复兴。因此，应从服务于国家战略的角度，对少数民族典籍"走出去"进行路径规划。通过少数民族典籍"走出去"，向外传递"和平、和谐、平等、互利，合作求安全、合作谋发展"的理念和原则。

第一节　对外经济交往路径

经济交往是文化传播和文化影响的助推器。经济交流会带动文化的交流，二者有着相辅相成的关系，经济对外输出的同时，也在进行文化输出。如《中国的非洲——中国正在征服黑色大陆》一书中所言："非洲不是缺能源吗？中国就在刚果、苏丹和埃塞俄比亚建水电站，并且着手帮助埃及重启民用核计划。非洲不是缺电话吗？中国就在非洲铺设光缆，架设无线网络。当地人不是对中国持怀疑态度吗？中国就开设医院、诊所和孤儿院。白人不是傲慢无礼、喜欢自我吹嘘吗？中国人却表现得十分谦逊，处处务实。非洲人最终被中国人的所作所为所打动。"[①] 中国企业"走出去"的路径为我们指明了中国少数民族典籍"走出去"的一条路径。我们可以向获得中国企业投资较多或较集中的国家、地区大力推介中国少数民族典籍和中华文化，扩大中华文化的覆盖面。

事实上，中华文化"走出去"的前奏就是中国企业"走出去"。2001 年，《国民经济和社会发展第十个五年计划纲要》指出："鼓励能够发挥我国比较优势的对外投资，扩大国际经济技术合作的领域、途径和方式。继续发展对外承包工程和劳务合作，鼓励有竞争优势的企业开发境外加工贸易，带动产品、服务和技术出口。支持到境外合作开发国内短缺资源，促进国内产业结构调整和资源置换。鼓励企业利用国外智力资源，在境外设立研究开发机构和设计中心。支持有实力的企业跨国经营，实现国际化发展。健全对境外投资的服务体系，在金融、保险、外汇、财税、人才、法律、信息服务、出入境管理等方面，为实施'走出去'战略创造条件。"实施"走出去"战略以来，我国对外直接投资

[①]　[法] 塞尔日·米歇尔、米歇尔·伯雷：《中国的非洲——中国正在征服黑色大陆》，孙中旭、王迪译，中信出版社 2009 年版，第 X—XI 页。

取得了显著的成就，对外直接投资额从 2002 年的 27 亿美元增加到了 2012 年的 878 亿美元①。2012 年，我国首次成为世界第三大对外投资国。截至 2012 年年底，我国境内投资者共在国（境）外设立对外直接投资企业近 2.2 万家，分布在全球 179 个国家（地区）②。随着中国企业对外直接投资越来越多，在推动当地经济发展的同时，也在输出中华文化。2006 年时任几内亚总统的兰萨纳·孔戴在接受法国记者采访时曾赞叹："中国人真是没得比！至少，他们非常勤劳，能和我们一起在泥里滚，像我一样下地种田。我曾给过他们一块非常累人的土地，你们应该去实地看看他们带来的变化。"③ 当然，外国人这种对中华文化的认识是粗浅的，但这又是至为关键的一环。有了对中华文化的初步的认同，当地人必然会产生进一步了解中华文化的愿望，对学习中华文化产生需求。所以，我们可以选择中国对外直接投资比较集中的国家（地区），来推介中国少数民族典籍。有了大量的经济交流作为基础，当地人对中国少数民族典籍的接受就会比较容易。下表为 2012 年我国对外直接投资流量较多的国家（地区）。对这些国家（地区）加以评估，可以梳理出一条沿着中国对外经济交往路径向外译介中国少数民族典籍的路线图。

表 3　　　2012 年我国对外直接投资流量前 20 位的国家（地区）

序号	国家（地区）	流量（亿美元）	比重（%）
1	中国香港	512.38	58.4
2	美国	40.48	4.6
3	哈萨克斯坦	29.96	3.4
4	英国	27.75	3.2
5	英属维尔京群岛	22.39	2.6
6	澳大利亚	21.73	2.5
7	委内瑞拉	15.42	1.8

---

① 中华人民共和国商务部、中华人民共和国国家统计局、国家外汇管理局：《2012 年度中国对外直接投资统计公报》，中国统计出版社 2013 年版，第 5 页。

② 同上书，第 1 页。

③ ［法］塞尔日·米歇尔、米歇尔·伯雷：《中国的非洲——中国正在征服黑色大陆》，孙中旭、王迪译，中信出版社 2009 年版，第Ⅶ页。

续表

序号	国家（地区）	流量（亿美元）	比重（%）
8	新加坡	15.19	1.7
9	印度尼西亚	13.61	1.5
10	卢森堡	11.33	1.3
11	韩国	9.42	1.1
12	蒙古	9.04	1.0
13	开曼群岛	8.27	0.9
14	老挝	8.09	0.9
15	德国	7.99	0.9
16	加拿大	7.95	0.9
17	俄罗斯联邦	7.85	0.9
18	缅甸	7.49	0.9
19	阿根廷	7.43	0.8
20	伊朗	7.02	0.8
	合计	790.80	90.1

　　资料来源：中华人民共和国商务部、中华人民共和国国家统计局、国家外汇管理局：《2012年度中国对外直接投资统计公报》，中国统计出版社 2013 年版，第 10 页。

　　中国香港地区的法定语言为中文和英文，进入香港的少数民族典籍一般仅需进行简繁汉字之间的转换即可，加上香港早已回归祖国，我们在本书中不再讨论少数民族典籍进入香港的策略和路径问题。

　　美国为强势文化，中美文化之间的交流存在不均等状态，但这并不能阻止中华文化进入美国。尤其是随着中国经济的崛起、中国对美直接投资的增加和中华文化"走出去"战略的实施，中华文化进入美国的几率也在扩大。2004 年中国对美直接经济投资数额为 1.20 亿美元，2012 年投资额增加到 40.48 亿美元。与此对应的是，输出到美国的中国图书版权由 2004 年的 14 种，增加到 2012 年的 1021 种[①]。中国少数民族典籍也应抓住中国对美直接投资势头强劲的契机，加大进入美国的步伐。

　　哈萨克斯坦横跨亚欧两州，国土面积列世界第九位，自然资源丰富，

---

① 国家版权局网站：http://www.ncac.gov.cn/chinacopyright/channels/4386.html。

为全球经济发展最快的国家之一。哈萨克斯坦的战略位置极为重要，是过境运输线的交叉点，西面、西北面和北面与俄罗斯接壤，与俄罗斯建有共同的军事战略空间、军事基地、靶场和其他军事设施。哈萨克斯坦南面和西南面与吉尔吉斯斯坦、乌兹别克斯坦和土库曼斯坦三国交界。东南面和东面与我国为邻。古代的丝绸之路就从哈萨克斯坦南部穿过。哈萨克斯坦国语为哈萨克语，官方语言为哈萨克语和俄语。将少数民族典籍推介到哈萨克斯坦，还可以利用其地缘优势，向其周边国家辐射。

英国现在仍是一个在世界范围内拥有强大影响力、举足轻重的经济、文化、军事和科技实力的强国。除了其本土外，英国的另外两个海外领地——维尔京群岛和开曼群岛，也是吸引中国对外直接投资较多的地区。英国是欧盟、北约、英联邦、西欧联盟等120个国际组织的重要成员国。英国重视发展与其他大国的关系，努力改善同中国、俄罗斯、印度等国的关系，努力维系同英联邦国家的传统联系，保持和扩大在发展中国家的影响。近年来，中国对英投资增速明显，2012年中国对英投资总额为2011年的两倍；2011、2012这两年中国对英直接投资总额又为2004—2010年这七年的3.5倍①。在未来的一段时间内，中国对英国的投资仍将持续高速增长。为了积极支持这一趋势的增长，英国政府专门设立了英国贸易投资总署（UKTI）在中国北京、上海、广州和重庆等地的办事处，专门为中国赴英投资的企业提供大量专业的免费服务。2010年6月，英国贸易投资总署商务司长布莱恩·肖（Brian Shaw）在接受中国"财经网"专访时曾谈道："英国是中国对外投资的最大目的国之一。中国投资为英国创造了就业和经济财富。"② 中国投资给英国人带来福祉，必定会增加英国人对中华文化的心理认同。这是少数民族典籍向英国输出的良好机遇。

澳大利亚是南半球经济最发达的国家，为全球第12大经济体。中国是澳大利亚最主要的贸易伙伴。2007年9月，时任国家主席胡锦涛访澳

---

① 中华人民共和国商务部、中华人民共和国国家统计局、国家外汇管理局：《2012年度中国对外直接投资统计公报》，中国统计出版社2013年版，第37页。

② 财经网网站：http://www.caijing.com.cn/2010‑06‑01/110450954.html。

期间，中澳双方签署了《中澳工商界高层圆桌会谅解备忘录》《关于液化天然气购销的关键条款协议》《鞍钢和金达必合作开发卡拉拉铁矿项目协议书》《关于为雇佣技术劳务人员提供便利的合作谅解备忘录》《恰那合营企业延期框架协议》《关于液化天然气业务机会的谅解备忘录》《中国华能集团和澳大利亚联邦科学工业研究组织关于洁净发电及二氧化碳捕集与处理等技术研究的合作框架》等协议。2008 年中国对澳大利亚直接投资额比上一年度增加 2.6 倍①。从 2008 年起，中国对澳大利亚直接投资额大幅度上升。2009 年 10 月 29 日至 11 月 1 日，时任国务院副总理李克强对澳大利亚进行正式访问，双方签署联合声明，决定于 2010—2011 年在中国举办"澳大利亚文化年"，2011—2012 年在澳大利亚举办"中国文化年"。澳大利亚积极参与国际事务，是联合国、20 国集团、英联邦、太平洋安全保障条约、经济合作与发展组织及太平洋岛国论坛的成员。中澳经济、文化交流的深入开展，为少数民族典籍输出到澳大利亚创造了良好的条件。

委内瑞拉是拉丁美洲地区经济较为发达的国家之一，是世界上重要的石油生产国和出口国。委内瑞拉是不结盟运动、七十七国集团、十五国集团、石油输出国组织、世界贸易组织、国际货币基金组织、世界银行、泛美开发银行、美洲国家组织、美洲玻利瓦尔选择、南美国家联盟、南方共同市场、里约集团、拉美一体化协会、拉美经济体系、拉美和加勒比国家共同体等国际和地区组织成员国。2001 年，中国和委内瑞拉建立共同发展的战略伙伴关系，并成立高级混合委员会，协调规划两国在政治、经贸、人文等多领域合作事宜。自 20 世纪 80 年代以来，中国与委内瑞拉文化交流频繁。1981 年中委两国签订政府间文化合作协定。2002 年 6 月，文化部副部长潘震宙率中国政府文化代表团访问委内瑞拉。2003 年 6 月，"中国文化周"活动在委内瑞拉举行。2006 年 7 月，文化部长孙家正访问委内瑞拉。2009 年 10 月，陕西民间皮影剧团赴委内瑞拉演出。2010 年，

---

① 中华人民共和国商务部、中华人民共和国国家统计局、国家外汇管理局：《2012 年度中国对外直接投资统计公报》，中国统计出版社 2013 年版，第 38 页。

南京市杂技团赴委内瑞拉演出。2011年，浙江婺剧团和甘肃京剧团赴委内瑞拉演出。委内瑞拉官方语言为西班牙语。中国与委内瑞拉的经济、文化交流已经为少数民族典籍输出到委内瑞拉打下了良好的基础，我们应该积极组织翻译力量，尽快将中国优秀的少数民族典籍文化输出到委内瑞拉，并以委内瑞拉为纽带，向其周边辐射。

新加坡也是全球最具国际化的国家之一。中国是新加坡第三大贸易伙伴，两国签有《经济合作和促进贸易与投资的谅解备忘录》《促进和保护投资协定》《避免双重征税和防止漏税协定》《海运协定》《邮电和电信合作协议》《成立中新双方投资促进委员会协议》等多项经济合作协议。2008年10月中新两国签署《自由贸易协定》，2009年1月1日该协定正式生效，进一步促进了两国经贸关系发展。自2008年起，中国对新加坡直接投资年度总额一直保持在10亿美元以上。新加坡有四种官方语言——马来语、汉语、英语和泰米尔语，但主要的通行语和教学语言为英语。新加坡是一个多种族、多宗教、多语言和多元文化的移民国家。促进种族和谐是新加坡政府治国的核心政策。将中国少数民族典籍译介到新加坡，发挥少数民族典籍中所蕴含的追求和谐与秩序的文化力量，对于促进新加坡种族和谐，缓解冲突、矛盾，增强新加坡人对中华文化的认同，将具有积极意义。

印度尼西亚是东南亚最大经济体及东南亚国家联盟创立国之一。2005年4月时任国家主席胡锦涛对印尼进行国事访问，并和印度尼西亚总统苏西洛共同签订中国与印尼关于建立战略伙伴关系的联合宣言。2011年4月29日，时任国家总理温家宝访问印尼，并与苏西诺总统举行会谈，双方就双边关系及共同关心的国际和地区问题坦诚、深入交换意见，达成重要共识。2012年，中国对印尼直接投资大幅增加，由2011年的5.9亿美元增加到了13.6亿美元，翻了一番还多①。印尼人口超过2.48亿，是世界第四人口大国，有100多个民族。印度尼西亚的通用语为印尼语。在

---

① 中华人民共和国商务部、中华人民共和国国家统计局、国家外汇管理局：《2012年度中国对外直接投资统计公报》，中国统计出版社2013年版，第40页。

20 世纪末，印度尼西亚排华情绪严重，冲突不断。进入 21 世纪以来，两国关系稳定，中国对印尼直接投资增幅较大，这为少数民族典籍输出到印尼创造了便利的条件。

卢森堡是资本主义发达国家，人均国内生产总值连续多年位居世界第一。2007 年之前，中国尚无对卢森堡的直接投资项目。但 2009 年起，中国对卢森堡直接投资出现井喷，2009 年对卢森堡直接投资额为 22.7 亿美元，为上年度投资额的 54 倍。中卢两国的文化交流较频繁，2005 年 11 月，中卢两国签署《2006—2010 年文化合作协定执行计划》。中国曾在卢森堡举办民间艺术展、编钟表演、湖北省周朝艺术品展、"武汉——卢森堡卓有成效之百年合作纪念展"。随着卢森堡人民对中华文化的喜爱，2011 年 7 月，"卢森堡中国语言文化中心"成立，开设书法、绘画和武术等课程。卢森堡的官方语言是法语、德语。将少数民族典籍输出到卢森堡，还可以通过该国向法国、德国辐射。

韩国是我国近邻，为近二、三十年来世界上经济发展最快的国家之一。韩国是联合国、世贸组织、经合组织、东盟十加三、20 国集团的成员国，也是亚太经合组织和东亚峰会创始国之一，为全球首个与欧盟和美国两大经济体都签署有自贸协定的国家。进入 21 世纪以来，中韩两国互利合作不断深化，互为重要的贸易伙伴。随着中国经济的崛起，中国对韩直接投资大幅增加，中国图书也在走进韩国。2012 年，中国 282 种图书版权输出到韩国①。可惜的是，尚无少数民族典籍进入到韩国。我们应该抓住机遇，向韩国积极译介少数民族典籍。

蒙古是中国北部的重要邻国，地处中俄两国之间，地理位置独特。2011 年 6 月，蒙古总理巴特包勒德对中国进行正式访问，双方宣布建立战略伙伴关系，并发表联合声明。目前，蒙古最大的贸易伙伴是中国。近年来，中蒙两国经济交往密切，中国对蒙古国的直接投资在逐年增加。同时，两国之间的文化交往也越来越密切。2008 年 5 月，蒙古国立大学孔子学院揭牌。2010 年 6 月，乌兰巴托中国文化中心揭牌。2012 年，中蒙

---

① 国家版权局网站：http：//www.ncac.gov.cn/chinacopyright/contents/4386/194399.html。

相互举办"文化月"活动。这为我国少数民族典籍输出到蒙古国创造了极为有利的条件。

老挝是东南亚唯一的内陆国，国土分别与中国、泰国、越南、柬埔寨、缅甸接壤。老挝为东南亚国家联盟成员国，也是亚洲第二贫穷国家与世界低度开发国家之一。2009 年 9 月，时任国家主席胡锦涛与来华访问的老挝国家主席朱马里·赛雅颂就进一步发展两党两国关系达成广泛共识，一致同意把中老关系提升为全面战略合作伙伴关系。从 2009 年起，中国对老挝直接投资逐年大幅增加，由 2008 年的 0.87 亿美元增加到了 2012 年的 8.09 亿美元①。中国还在力所能及的范围内，采取无偿援助、无息贷款或优惠贷款等方式向老挝提供援助，领域涉及物资、成套项目援助、人才培训及技术支持等。老挝还是我国对外提供奖学金人数最多的国家之一，老挝在华留学生人数每年超过 300 名②。中国对老挝的直接投资、经济援助以及对老挝的人才培养，必然会增强老挝人民对中国的认同，势必吸引老挝人民对中华文化的关注，少数民族典籍输出到老挝遇到的阻碍就会较小。

德国为欧盟中人口最多的国家，也是欧洲邻国最多的国家。中国视德国为"通往欧洲的大门"。多年来，德国一直是我国在欧洲最大的贸易伙伴。2002 年，我国超过日本，成为德国在亚洲的最大贸易伙伴。从 2010 年中德双方发表《中德关于全面推进战略伙伴关系的联合公报》起，中国对德直接投资开始节节攀升——2010 年比 2009 年增加 130%，2011 年比 2010 年增加 24%，2012 年比 2011 年又增加 56%③。中德文化交流亦较活跃。2008 年 5 月，柏林中国文化中心正式启用。2012 年 1 月至 2013 年 1 月，德国 40 多个城市举行了"中国文化年"系列活动。我国在德国设有 14 所孔子学院和 3 所孔子课堂。2013 年 11 月，由中国驻德国使馆主

---

① 中华人民共和国商务部、中华人民共和国国家统计局、国家外汇管理局：《2012 年度中国对外直接投资统计公报》，中国统计出版社 2013 年版，第 34 页。

② 中华人民共和国外交部网站：http://www.fmprc.gov.cn/mfa_chn/gjhdq_603914/gj_603916/yz_603918/1206_604354/sbgx_604358/。

③ 中华人民共和国商务部、中华人民共和国国家统计局、国家外汇管理局：《2012 年度中国对外直接投资统计公报》，中国统计出版社 2013 年版，第 37 页。

办的"中德语言年"主题活动在柏林艺术大学举行，约1100人观看了由中文说唱、儿歌、朗诵、小品、学唱京剧、快板和合唱等11个节目组成的演出。随着中德经济、文化交流的深入，中国图书版权对德输出也开始大幅增加——2011年，中国对德输出图书版权127种，2012年增加到了352种①，增幅为177%。中国对德国的直接投资逐年增加，加上德国民众对中国文化的逐步熟悉、接受和喜爱，为少数民族典籍输出到德国打下了良好的基础。

加拿大是典型的移民国家，也是西方七大工业化国家之一。加拿大是G8、G20、北约、联合国、法语圈国际组织、世界贸易组织等国际组织的成员。近年来，中加两国间的经济贸易关系发展较快，并从单一的商品贸易发展到全方位、跨领域、多元化的贸易和经济技术合作，商品、服务、人员和资本的流动日益频繁，两国间的经济联系不断加深。2010年6月，第四届中加经贸合作论坛在渥太华举行，两国企业家逾500人参加，签署了涉及矿业、环保、新能源和投资服务等领域的多项合作文件，总金额约5亿加元。进入21世纪以来，两国文化交流呈现出官民并举、以民为主、形式多样和多层次、多渠道、经常化的局面。2001年，我国在加拿大举办"北京文化周"与"西安文化季"。2002年，我国在加拿大举办"中国西藏文化周"。2006年年初，中央电视台在加拿大举行"同一首歌"大型晚会。2006年，中国残疾人艺术团在温哥华举行大型演出《我的梦》。2007年，我国在加拿大举办"中国国宝展"活动。2008年，中央电视台在温哥华举办"中国情"大型文艺晚会。2010年，舞剧《红楼梦》访加首演。2011年，广州芭蕾舞团《风雪夜归人》赴加访演。2012年，中国残疾人艺术团在加举办"我的梦"大型文艺演出。截至2012年1月，中国已在加建成12所孔子学院和16所孔子课堂，中加友好省市达到54对。加拿大官方语言为英语和法语，重视多元文化发展。少数民族典籍输出到加拿大的时机已经成熟，应积极组织翻译力量，尽快将少数民族典籍译介到加拿大。

---

① 国家版权局网站：http：//www.ncac.gov.cn/chinacopyright/channels/486.html。

俄罗斯地跨欧亚两大洲，是世界上面积最大的国家，境内有 193 个民族。中俄两国在 1996 年确立"战略协作伙伴关系"，并以"不结盟、不对抗、不针对第三国"为指针，大力加强在政治、经济、人文、科技、军事等领域的合作。目前，我国是俄罗斯第一大贸易伙伴，俄罗斯为中国第十大贸易伙伴。中国对俄罗斯的直接投资在逐年递增。进入 21 世纪以来，中俄双方文化交流频繁。2004 年 10 月 27 日至 11 月 5 日，中国文化节在俄举办。2007 年，俄罗斯举办了"中国年"活动。2010 年，俄罗斯举办了"汉语年"活动。2013 年 12 月，莫斯科"中国文化中心"正式揭牌。随着中俄经济、文化交流的深入开展，在 2012 年，我国对俄罗斯的图书版权贸易实现了顺差——我国引进俄罗斯图书 48 种，输出到俄罗斯图书 104 种①。少数民族典籍输出到俄罗斯已经有了良好的开端，在 2007 年，我国有三部少数民族短篇小说输出到俄罗斯。我们应顺势发力，大力推动更多的少数民族典籍输出到俄罗斯。

缅甸是东南亚国家联盟成员国之一，国内共有 135 个民族。中缅两国是山水相连的友好邻邦，缅甸北部和东北部同中国西藏自治区和云南省接界，中缅国境线长约 2185 公里，两国人民之间的传统友谊源远流长。缅甸是中国在东盟地区重要工程承包市场和投资目的地。近年来，中国对缅甸直接投资逐年递增，中国已经成为缅甸最大外资来源国。2011 年 5 月，双方正式建立中缅全面战略合作伙伴关系。中缅文化交流源远流长。中国国宝级文物佛牙舍利于 1955 年、1994 年、1996 年和 2011 年四次应邀赴缅甸巡礼，受到缅甸政府和社会各界的热烈欢迎。将少数民族典籍输出到缅甸，对于发展睦邻友好关系意义重大。

阿根廷为拉丁美洲第三大经济体，国土面积仅次于巴西，为联合国、世界贸易组织、美洲国家组织、拉美和加勒比国家共同体、南美国家联盟、南方共同市场、拉美经济体系、拉美一体化协会、20 国集团、77 国集团等多边机制的成员国。进入 21 世纪以来，中阿经贸合作日益深化。目前阿根廷是我国在拉美第五大贸易伙伴，我国是阿根廷全球第二大贸易

---

① 国家版权局网站：http：//www.ncac.gov.cn/chinacopyright/channels/4386.html。

伙伴。2014 年 7 月，中阿关系提升为全面战略伙伴关系。中阿双边文化交流不断增强。进入 21 世纪以来，中国在阿根廷举办的文化活动主要有：中国考古精品（复制品）展（2000 年）、山东孔子文化展（2000 年）、中国古代青铜器展（2004 年）、"感知中国"大型系列文化活动（2004 年）、中央电视台"手拉手——跨越大洋的彩虹"文艺晚会（2005 年）、庆香港回归十周年图片展、中国国画展、奥运北京图片展（2007 年）、"文化中国·四海同春"大型文艺演出（2011 年、2013 年）。西藏雪莲少儿艺术团（2000 年）、河南京剧团（2001 年）、南美侨胞艺术团（2003 年）、南京杂技团（2007 年、2008 年）、天津青年京剧团（2008 年）、内蒙古杂技团（2008 年）、沈阳杂技团（2011 年）、天津民乐艺术家小组（2011 年）、中国民族歌舞艺术团（2011 年）、浙江省婺剧团（2012 年）、中国作家代表团（2012 年）等相继访问阿根廷。2004 年 4 月，《今日中国》杂志拉美版在阿根廷正式出版发行。中阿经济、文化交流已经具备了较好的基础。当下，我们应抓住机遇，积极向阿根廷译介少数民族典籍，并以阿根廷为纽带向拉美地区其他国家辐射。

伊朗地处世界石油、天然气储量最为丰富的中东地区，为多民族的伊斯兰国家。伊朗官方语言为波斯语。中国和伊朗同为文明古国，中伊交往历史悠久。近年来，中国与伊朗在经贸、文化等领域的友好合作不断深入。从 2010 年起，中国对伊朗直接投资增幅迅猛——2010 年比 2009 年增加 300%，随后的两年时间，又保持年增长在 20% 以上①。2011 年 9 月，伊朗举办了"中国文化周"系列活动。2013 年 1 月，"中国电影周"在伊朗举办。2013 年 11 月，中伊双方签署《互设文化中心谅解备忘录》。将少数民族典籍译为波斯语，尽快输出到伊朗，再向伊朗周边国家或地区辐射，就可以扩大中华文化在中东地区的覆盖面。

中国对外直接投资已为中华文化"走出去"孕育了较成熟的接受环境。顺应中国对外直接投资路径，向外译介少数民族典籍，向输出国传递

---

① 中华人民共和国商务部、中华人民共和国国家统计局、国家外汇管理局：《2012 年度中国对外直接投资统计公报》，中国统计出版社 2013 年版，第 35 页。

中国的诚信和友善，有助于建立中国与输出国间的相互信任和友谊。

第二节　外交关系路径

国家之间的政治关系会影响文本的跨国流动。如果国家之间关系良好，国家领导人之间互访频繁，必然会拉近两国人民之间的情感距离，必然会产生进一步了解对方文化的愿望。这正是少数民族典籍"走出去"的良好契机。在本节，我们拟对我国新一届领导人履新以来的出访路径作一梳理，以中国的对外关系来勾画少数民族典籍"走出去"的路线图。

习近平当选中华人民共和国国家主席后，2013 年 3 月首次出访选择了俄罗斯、坦桑尼亚、南非和刚果（布）四国。中国把发展中俄关系作为外交的优先方向。中俄互视彼此为主要优先合作伙伴，互为最大邻国，都是主要新兴市场国家，都把发展作为第一要务，都是维护世界和平、安全、稳定的重要力量。中俄两国元首在俄罗斯当地时间 3 月 22 日，共同签署了《中华人民共和国和俄罗斯联邦关于合作共赢、深化全面战略协作伙伴关系的联合声明》，双方一致同意"政治上相互尊重、平等相待，经济上全面互利、合作共赢，安全上互信包容、共担责任，文化上交流借鉴、相互促进，意识形态上求同存异、和平共处，建立长期稳定健康发展的新型大国关系"。在中俄人文交流方面，习主席还出席了俄罗斯中国旅游年开幕式，与普京总统共同宣布两国 2014—2015 年举办中俄青年友好交流年。习主席在访俄期间还会见了俄罗斯汉学家、学习汉语的俄罗斯学生和媒体代表，强调中国梦同俄发展振兴奋斗目标是一致的。

国家主席习近平在访问坦桑尼亚期间，中坦发表联合公报，双方一致同意构建和发展互利共赢的全面合作伙伴关系，不断增强政治互信，深化务实合作，增进人民友好，实现双方共同发展；双方将进一步扩大人文交流，中方将在坦桑尼亚设立一个中国文化中心。2013 年 3 月 25 日，习主席在坦桑尼亚达累斯萨拉姆的尼雷尔国际会议中心发表了题为《永远做可靠朋友和真诚伙伴》的重要演讲，用"真""实""亲""诚"四理念全面阐述了中国与非洲共谋和平、同促发展的对非政策。

2013 年 3 月 26 日，国家主席习近平访问南非，两国关系由战略伙伴关系提升至全面战略伙伴关系。两国领导人同意将中南关系作为各自国家对外政策的战略支点和优先方向，愿本着"友好互信、平等互利、协作互鉴、共同发展"的原则，进一步拓展和深化两国间政治、经贸合作，人文交流以及在国际地区事务中的交往沟通，推动中南全面战略伙伴关系不断迈上新台阶。双方确定 2015 年在南非举办"中国年"系列活动。中国将为南非提供更多培训机会，特别是加强在青年就业方面的培训与合作。双方将继续扩大在基础教育和高等教育等领域的合作，加强双方研究成果的交流与共享。中国欢迎和支持南非申办孔子学院，加强汉语培训。

习主席访问刚果共和国期间，出席了中刚友好医院竣工仪式以及恩古瓦比大学图书馆和其中的"中国馆"揭牌仪式。通过会谈，中刚两国元首同意在两国传统友谊基础上，建立中刚团结互助的全面合作伙伴关系。两国元首一致同意加强两国人文交流，扩大文化、教育、卫生、人力资源培训等领域的合作，推动两国新闻媒体、学术机构、青年和妇女组织加强友好往来，进一步增进两国人民的相互了解和友谊，夯实两国友好民意基础。

2013 年 5 月下旬，新一届国务院总理李克强出访印度、巴基斯坦、瑞士和德国等四国。中印是重要邻国和世界上人口最多的新兴市场国家，两国关系具有战略意义。中印加强务实合作，实现共同发展，将给两国人民、本地区乃至世界和平、稳定与繁荣带来福祉。当前的印中关系已远远超出双边范畴，对地区乃至全球的和平、稳定、发展有重要影响。李克强总理与印度领导人达成共识：双方应当从战略和全局出发看待中印关系，扩大共同利益，推进全面合作，凝聚更多共识，超越彼此分歧，使中印关系的发展造福两国和两国人民。

李克强总理访问巴基斯坦时重申，中国政府始终把中巴关系置于外交优先方向，将继续坚定不移地推进同巴基斯坦的战略合作伙伴关系。双方同意努力将中国西部大开发战略与巴基斯坦国内经济发展进程更加紧密结合，把两国高水平政治关系优势转化为务实合作成果。李总理强调，将继续鼓励和支持中国企业在巴基斯坦投资，为巴基斯坦改善经济和民生作贡献。中巴双方同意，在充分论证的基础上，共同研究制定中巴经济走廊远景规划，推动中巴互联互通建设，促进中巴投资经贸合作取得更大发展。中国支持巴基斯坦推广汉语教学的努力，将在 5 年内为巴基斯坦培训 1000 名汉语教师。巴基斯坦支持在卡拉奇大学设立孔子学院，并逐步扩大在巴基斯坦的孔子学院建设。双方同意，尽快实现中国地面数字电视国际标准在巴基斯坦落地。深化两国大学、智库、新闻媒体、影视等方面的交流，继续推进互设文化中心工作。加强双方在青年干部培训和青年志愿者服务等方面的合作。双方同意将 2015 年定为"中巴友好交流年"，并通过协商确定各类庆祝活动。

李克强总理访问瑞士期间，与瑞士领导人共同签署了关于中瑞自贸协定结束谈判的谅解备忘录，双方同意给予对方绝大多数产品零关税或低关税待遇，并推进包括金融业在内的服务贸易自由化和便利化进程。这是中国同欧洲大陆国家的第一个自贸协定，是中国同世界经济 20 强国家的第一个自贸协定，达成自贸协定对各国会产生重要的示范甚至引领作用。

2013 年 5 月 26—27 日，李克强总理对德国进行正式友好访问。中德双方决定落实城镇化伙伴关系，并进一步加强农业、林业、粮食、消费者保护、食品安全和环保标识等领域的双边合作；决定在空气净化和可持续消费领域加强合作；在德成立中国商会并启动设立投资促进机构。两国总理共同启动了中德语言年活动，促进汉语在德国和德语在中国的传播。

2013 年 5 月底至 6 月初，国家主席习近平对特立尼达和多巴哥、哥斯达黎加、墨西哥进行国事访问并赴美国与美国总统奥巴马会晤。特立尼达和多巴哥是最早同中国建交的加勒比国家之一。习主席向特立尼达和多巴哥领导人表示了访问的目的："加强两国友好合作，使中特关系好上加好。"习主席希望中特双方积极推进基础设施建设、能源、矿产等领域的合作，在农业、渔业、科技、投融资、通信、新能源等领域开拓新的合作；扩大人员往来，加强旅游、文化特别是创意产业、教育、卫生、体育、新闻、人员培训等领域的交流合作，支持青年交流，早日在特多建成孔子学院，增进友谊。

习近平主席在访问哥斯达黎加时表示，虽然两国建交只有六年时间，但中哥两国在相互尊重、平等互利、共同发展的原则基础上发展友好合作关系，符合两国和两国人民根本利益，中哥关系完全可以成为不同规模、不同国情国家友好合作的典范。两国领导人就两国合作交换了意见，达成了广泛共识：以两国自由贸易协定为依托，以政府引导、企业参与的方式，拓宽贸易领域，优化贸易结构，扩大贸易规模；中方支持哥方经济特区建设，哥方欢迎中国企业前来投资；深化文化、教育、体育、旅游等领域交流；加强青年和地方交往，搞好互派留学生和孔子学院等项目；中方继续为哥方培训各类专业技术人才。

国家主席习近平在访问墨西哥期间，两国共同决定将中墨战略伙伴关系提升为全面战略伙伴关系。在联合声明中，两国领导人一致同意保持经常接触，包括在国际会议和论坛中进行双边会晤；进一步巩固中墨政府间两国常设委员会的作用，推动、协调和跟踪全面战略伙伴关系发展；成立企业家高级别工作组，由两国部级单位指定的知名企业家组成，以推动和深化两国经贸关系，并在贸易、投资及合作领域寻找新的商机；加强中国商务部和墨西哥经济部双边高层工作组的建设，发挥其作为双边经济领域对话机制的积极作用；积极鼓励两国航空公司开拓中墨航空运输市场，新增或加密两国间直航航班航线，以继续改善两国间空中交通；加强推广双方文化资源，使其成为增进两国人民相互了解的桥梁；促进两国传统和新兴领域文化、艺术交流以及文化产业合作；两国政府将重点加强包括西班牙语和汉语教学在内的教育交流；双方将大幅增加奖学金项目，积极推进两国大学、研究中心和地方政府间的交流，中方承诺未来三年向墨方提供总计300个政府奖学金名额；加强青年交流，增进青年对双边合作重点领域的认识及对对方文化的了解。

在中美两国关系发展处于承上启下、继往开来的重要历史时期，2013年6月7—8日，应美国总统奥巴马邀请，习近平主席在美国加利福尼亚州安纳伯格庄园与奥巴马总统进行了会晤。此次会晤不仅是两国政府换届后中美元首第一次面对面接触和交流，也是中美高层交往的一个创举。两国元首均强调了中美关系的重要性，认为中美应该也可以走出一条不同于历史上大国冲突对抗的新路。双方同意,共同努力构建新型大国关系,相互尊重、合作共赢,造福两国人民和世界人民。双方将继续通过互访、会晤、通话、通信等方式保持密切联系。双方同意不断加强两国在经贸、投资、能源、环境、人文、地方等领域的务实合作,深化全方位利益交融格局。

2013年9月初,国家主席习近平对土库曼斯坦、哈萨克斯坦、乌兹别克斯坦、吉尔吉斯斯坦等中亚四国进行了国事访问。中亚地区已成为我国西北边疆的安全屏障和经贸、能源战略合作伙伴。当前,国际和地区形势深刻复杂变化,本地区国家既具备利用经济互补优势实现共同发展的机遇,也面临着外部势力渗透干涉以及暴力恐怖势力、民族分裂势力、宗教极端势力等的共同挑战。习主席此次出访同土库曼斯坦、吉尔吉斯斯坦分别建立战略伙伴关系,同哈萨克斯坦进一步深化全面战略伙伴关系,同乌兹别克斯坦签署了《中乌友好合作条约》,进一步发展和深化战略伙伴关系。中亚国家同处古丝绸之路,各国普遍需要加强区域合作,习主席在访问中亚四国期间提出与四国共同建设"丝绸之路经济带"的战略构想。这对我国加快向西开放步伐,构建良好周边环境,维护发展重要战略机遇期意义重大、影响深远。中国同四国还就加强文明交流互鉴,互设文化中心、设立孔子学院、加强民间特别是青年学生往来、建立友好省州(市)等达成共识。

2013年10月初,国家主席习近平访问印度尼西亚、马来西亚。印度尼西亚为东盟最大成员国。习主席访问印度尼西亚期间,双方共同决定将双边关系提升为全面战略伙伴关系。两国元首同意,全方位推进各领域合作,在更高水平、更宽领域、更大舞台上开展交流合作:在对方重大关切问题上相互支持,加强战略互信;加强基础设施建设、制造业、农业、投融资等领域的合作,支持中国企业积极参与印尼"六大经济走廊"和互联互通建设,支持在印尼建设两国综合产业园区;加强海上合作,建立政府间渔业合作机制、启动渔业捕捞安排谈判;深化双边及中国—东盟安全合作;扩大人文交流,促进青年学生、媒体、智库、宗教交往,加强旅游合作,中方愿在雅加达设立中国文化中心。

马来西亚是我国在东盟内最大的贸易伙伴。习近平主席访问马来西亚期间，双方一致同意将中马战略性合作关系提升为全面战略伙伴关系。双方重申愿保持密切的高层接触，深化各领域的友好交流与合作。双方欢迎将 2014 年确定为"中马友好交流年"，届时两国将举行青年交流、文艺团体互访等一系列庆祝活动，进一步促进两国教育、文化、旅游等领域的交流与合作。

2013 年 10 月中旬，国务院总理李克强访问文莱、泰国、越南。李总理应文莱国家元首邀请，于 2013 年 10 月 9—11 日对文莱进行正式访问。在中国和文莱"联合声明"中，双方同意保持双边交往的频度，加强两国外交、政治、经贸等各层级的磋商机制，双方同意进一步加强在经贸、能源、基础设施、农渔业、防务、教育和人文交流等领域的合作。

应越南总理的邀请，李克强总理于 2013 年 10 月 13—15 日访问越南。双方达成重要共识，在"长期稳定、面向未来、睦邻友好、全面合作"的方针和"好邻居、好朋友、好同志、好伙伴"的精神指引下，发展中越全面战略合作伙伴关系。双方同意进一步深化在农业、科技、教育、文化、体育、旅游、卫生等领域的交流合作。双方同意在越建立孔子学院，并加快推动互设文化中心、切实加强中越友好宣传，深化两国民众之间的了解与友谊。

2013 年 11 月 25—28 日，应罗马尼亚总理邀请，国务院总理李克强对罗马尼亚进行正式访问。中罗双方发表了"关于新形势下深化双边合作的联合声明"，认为应继续深化在经贸、金融、基础设施建设、能源、农业、科技、信息通信、环保、旅游等领域的合作；双方将加大投入，支持相关组织和机构开展直接合作，以加强和丰富两国文化、教育特别是高等教育、科研等领域的关系。

2014 年 3 月 22 日至 4 月 1 日，国家主席习近平对荷兰、法国、德国、比利时进行国事访问。应荷兰王国国王邀请，国家主席习近平于 2014 年 3 月 22—24 日对荷兰王国进行国事访问。这是自 1972 年中荷正式建立大使级外交关系以来，中国国家元首首次访问荷兰。中荷双方决定建立开放务实的全面合作伙伴关系。双方同意保持高层交往磋商势头，强调高层交往对增进相互理解和信任发挥着重要作用。本着开放、公平、非歧视原则，进一步扩大中荷贸易和投资规模。双方愿意扩大两国人文交流，加强互学互鉴，继续加强在文化、教育、科技、旅游、体育等领域的交流合作，扩大互派留学生规模，共同培养高层次专业化人才，为青年交流提供更多机会，不断增进两国人民之间的相互理解和友谊，并为此提供适当的便利举措和设施。

在访问法国期间，习主席与法国总统共同发表了"开创紧密持久的中法全面战略伙伴关系新时代"的联合声明。双方一致同意，共同推动文化和谐，珍视文化多样性和丰富性，尊重不同文化的独特价值；推动不同文化间对话互鉴，共同分享人类文明进步成果。两国元首重申，愿在中法高级别经济财金对话机制框架下，根据互利和共同发展原则，进一步深化、扩大和再平衡双方经济领域合作。两国元首决定建立中法高级别人文交流机制，促进双方在教育、文化等领域的交流与合作。进一步加强两国青年学生间的往来，深化高教、科研、创新领域的合作。加强在广播影视领域的交流与合作，鼓励双方共同拍摄、共同制作，扩大视听产品在对方国家的播出和发行。

习近平主席于 2014 年 3 月 28—30 日对德国进行国事访问。双方决定建立全方位战略伙伴关系。双方一致认为，继续深化中德合作符合两国的根本利益，符合亚洲和欧洲利益，有利于维护世界和平与稳定，提升福祉，促进世界可持续发展。中德致力于建设开放型世界经济，推动全球贸易自由化和相互开放投资。对加深相互理解，密切两国人文交流，特别是青年和学者之间的交流具有重要意义。双方高度重视教育领域合作、高校合作和大、中学生以及科研人员的交流。

习近平主席对比利时进行访问期间，两国元首决定在现有良好关系基础上，深化全方位友好合作伙伴关系，推动两国关系取得新的更大发展。继续推动中国在比利时投资项目，特别是新鲁汶科技园计划。共同推进中国西部与比利时安特卫普之间铁路互联互通，便利中欧货运。双方共同努力，支持布鲁塞尔中国文化中心于 2014 年年底前正式揭牌、庆祝北京与布鲁塞尔结成友好城市 20 周年、中方艺术团组参与"蒙斯 2015 欧洲文化之都"活动。

2014 年 5 月，国务院总理李克强访问埃塞俄比亚、尼日利亚、安哥拉、肯尼亚。应埃塞俄比亚总理邀请，李克强总理于 5 月 4—6 日对埃塞俄比亚进行正式访问。双方重申进一步加强贸易、投资、基础设施建设、制造业、通信、工业园区建设、资源开发、农业等领域的合作。双方表示将通过加强在文化、教育、科技、卫生、体育、旅游、航空、人力资源开发等领域的交流，进一步深化民间关系。双方重申密切两国青年、妇女、民间团体和学术机构的联系。埃方欢迎中国设立文化中心，在亚的斯亚贝巴大学设立孔子学院。

2014 年 5 月 6—8 日，李克强总理对尼日利亚进行正式访问。双方同意保持政府、政党和立法机构等各层面互访势头，增进了解与互信。双方致力于在继续深化传统领域合作基础上，不断开拓新的合作空间，共同致力于提升中尼战略合作水平。

2014 年 5 月 9 日，李克强总理与安哥拉总统举行会谈。李总理指出，中方愿与安方一道，进一步强化两国政府对合作的统筹和引领作用，加强发展规划领域合作，尽早签订双边投资保护协定；促进中安合作向产业驱动迈进，推动能源、基础设施、金融、农业、城镇化、制造业等领域务实合作；进一步密切民间交往和人文交流，增进两国人民的相互了解。

应肯尼亚总统邀请，国务院总理李克强于 2014 年 5 月 9—11 日对肯尼亚进行正式访问。双方重申将不断增进互信，深化务实合作。双方同意进一步加强在贸易、投资、基础设施建设、能源、金融、农业、航空、航天、通信以及其他双方关心领域的合作。中国将继续为肯尼亚提供宝贵支持，特别是为肯尼亚实施 2030 年远景规划框架内重点项目提供支持。中国将鼓励中国金融机构和企业来肯尼亚投资，为肯尼亚产品更多地进入中国市场提供便利。双方表示将进一步扩大人文交流，加强在文化、教育、科技、卫生、体育、新闻、人力资源开发等领域的合作，密切加强青年、妇女、民间团体和学术机构的联系。

2014 年 6 月，国务院总理李克强访问英国、希腊。应英国首相卡梅伦邀请，李克强总理于 2014 年 6 月 16—19 日对英国进行正式访问。双方一致认为，中英全面战略伙伴关系已成为两国各自外交政策中不可或缺的内容。双方一致同意加强两国高层互访，推动各领域互利合作，引领两国关系发展。双方致力于全球经济开放和贸易自由化，加强中英经贸关系，加强开拓彼此市场。双方愿继续促进人文领域交流与合作，深化两国人民之间的相互了解和认知。双方同意将2015年定为中英文化交流年，上半年在华举办英国文化季，下半年在英举办中国文化季。

李克强总理在访问希腊期间，双方发表了"关于深化全面战略伙伴关系的联合声明"。双方愿继续保持高层互访势头，密切各级别人员往来，进一步增进相互理解和政治互信，为两国务实合作构建坚实的政治基础。两国确定2015年为"中希海洋合作年"，并将成立海洋合作机制，推动双方在海洋经济、海洋生态环境保护、海洋矿产资源勘探开发、海洋环境研究、海洋政策、海洋科研与教育、水下考古领域开展合作。两国一致同意在文化领域拓展和深化合作，以增进两国人民间的相互了解。为使双边文化合作更有成效，双方同意互设文化中心。两国致力于推动在对方高校加强彼此语言和文化教育，互派留学生。双方愿积极推动在经典学科领域的相互合作，既包括古代文化也涵盖当代社会。

应韩国总统邀请，国家主席习近平于2014年7月3—4日对韩国进行国事访问。习主席这次访问韩国是一次走亲戚、串门式的访问，目的是增进两国人民友好感情，推动中韩关系再上新台阶。习近平主席指出，中韩要做实现共同发展的伙伴、致力于地区和平的伙伴、携手振兴亚洲的伙伴、促进世界繁荣的伙伴。两国通过携手创新，扩大面向未来的战略性经贸和产业合作，不断提高两国人民的生活水平，共同致力于推动东亚地区经济一体化、世界经济复苏，为地区及世界经济增长发挥引领作用。通过双向和两国国民可直接感知的人文交流，加强两国国民间的感情纽带，构筑心灵相通的信任关系。

2014年7月，国家主席习近平对巴西、阿根廷、委内瑞拉、古巴进行国事访问。2014年7月17日，习近平主席访问巴西，就进一步深化中巴全面战略伙伴关系达成重要共识。两国元首重申，将保持经常性沟通，始终牢牢把握中巴关系的发展方向。双方将继续促进双边贸易和工业、油气、电力、铁路、港口、仓储设施和水运、矿业、农牧业、食品加工、服务业等领域投资的稳定增长及多元化,并对高科技和高附加值领域给予特别关注。双方将继续积极推动文化、教育、体育、旅游等领域的交流合作,密切人文交流,深化传统友谊。双方一致认为,文化合作对增进两国人民相互了解至关重要,为进一步深化两国文化交流合作,双方同意商签2015年至2017年文化合作执行计划。

国家主席习近平于2014年7月18—20日对阿根廷进行国事访问。两国元首决定建立中阿全面战略伙伴关系。两国元首一致认为,双方应积极开展产业投资合作,扩大在能源、矿业、制造业、农业等领域的合作,促进两国产业对接和融合。两国元首认为,双方在文化、教育、旅游等领域拥有广泛共同利益和巨大合作潜力,应增进两国青年交往,不断巩固中阿人民间的传统友谊。

国家主席习近平于2014年7月20—21日对委内瑞拉进行国事访问。双方决定将中委共同发展的战略伙伴关系提升为全面战略伙伴关系。两国领导人将保持经常性沟通,及时就双边关系和共同关心的问题交换看法,不断扩大和增进共识。双方将继续推进和深化在金融、投资、能源、矿产、农业、基础设施建设、通信、制造业、高科技等领域的合作。双方将大力推动社会和文化领域合作,加强教育、文化、旅游、卫生等领域的交流,增进相互了解,夯实两国友好的民意基础。

2014年7月22日,国家主席习近平与古巴领导人举行会谈。习主席强调,中国珍视中古传统友谊,不论国际形势怎么变,坚持中古长期友好是中国的既定方针;中古双方要用好政府间经贸混合委员会等机制,在两国中期双边经济合作规划指导下,推动贸易增长,探讨开展医疗等服务贸易,扩大农业、基础设施建设、能矿、旅游等重点领域合作,在可再生能源、生物技术等高技术领域培育新的合作增长点,搞好中古农业技术示范园区、哈瓦那数字电视示范区、古巴港口开发和经济特区等建设项目,中方鼓励和支持中国企业到古巴投资兴业。

2014年8月,国家主席习近平对蒙古国进行国事访问。两国领导人决定,基于两国关系当前高度信任水平,本着进一步深化符合两国和两国人民共同利益的战略伙伴关系的共同愿望，从永做彼此信赖、负责任的好邻居、好伙伴、好朋友出发，将中蒙战略伙伴关系提升为中蒙全面战略伙伴关系。双方将保持两国高层往来，延续在国际场合经常会晤的传统，利用多种渠道和方式进一步巩固战略联系。双方商定，积极开展经济合作，造福两国和两国人民。双方商定建立两国青少年互访交流机制。双方今后继续相互举办文化周活动，加强文化艺术交流，巩固两国友好关系。双方将进一步加强两国新闻出版交流，通过有关磋商、论坛等合作机制，在影视剧节目制作、播放、交流等方面加强合作。

2014年9月，国家主席习近平对塔吉克斯坦、马尔代夫、斯里兰卡、印度进行国事访问。应塔吉克斯坦总统邀请，国家主席习近平于2014年9月12—14日对塔吉克斯坦进行国事访问，双方签署了"进一步发展和深化战略伙伴关系的联合宣言"。双方将发展中塔关系置于本国外交优先方向之一，坚定支持对方根据本国国情选择的发展道路，支持对方为维护国家主权、安全和发展利益所采取的措施。双方决定进一步加强两国领导人互访以及各层级、各部门之间的交流和磋商，全面提升两国政治互信水平。双方将继续努力，完善贸易和投资环境，在平等互利互惠的基础上为对方商品、服务、技术、资本准入提供良好条件，便利两国人员往来。双方愿进一步加强科技、教育、文化、卫生、体育和旅游等领域的合作，扩大教育科研机构、新闻媒体、民间友好组织、文艺团体和青年组织的友好交往与合作，不断增进两国人民间的相互了解和友谊。

国家主席习近平于2014年9月14—16日对马尔代夫进行国事访问。双方一致同意建立中马面向未来的全面友好合作伙伴关系。双方同意保持高层交往，加强各级别、各领域对话，鼓励和支持两国政府、立法机构和社会团体开展多种形式的交流合作。双方同意加强海洋事务、海洋经济、海洋安全等领域合作。双方同意继续采取积极措施，进一步促进两国防务、科技、文化、教育、人力资源培训和卫生等领域的交流合作。

2014年9月16—17日，国家主席习近平对斯里兰卡进行国事访问。双方一致同意，进一步充实和深化中斯战略合作伙伴关系的内涵，促进两国发展，造福两国人民。加强高层互访，通过双边互访、多边场合会晤等形式保持经常接触，为深化两国关系发挥积极作用。双方同意进一步深化在投资、合资企业、双边贸易、旅游、发展项目和能力建设等领域的合作。双方同意继续深化中斯文化交流与合作。斯方欢迎在斯设立中国文化中心，密切妇女、民间团体和学术机构等人文往来。

应印度总统邀请，国家主席习近平于 2014 年 9 月 17—19 日对印度进行国事访问。两国领导人同意，发展伙伴关系应成为两国战略合作伙伴关系的核心内容。两国决定加强政治对话，深化战略互信，保持两国各层级政治对话磋商机制。两位领导人决定，双方应通过中印战略经济对话探讨新的经济合作领域，包括产业投资、基础设施建设、节能环保、高技术、清洁能源、可持续城镇化等。双方同意启动"中国—印度文化交流计划"，进一步推动两国文化及人员交往。

中国外交已不再是单纯的对外政治交往，而是政治、经济、文化三位一体的对外交流。少数民族典籍应做好准备，顺应中国外交路径，与国家领导人出访形成有效对接，适时输出到对象国，对外传播中国"和谐、和平、共同发展"的理念，奉献处理当代国际关系的中国智慧。

第三节 中国周边路径

中国是世界上邻国最多的国家，与中国陆地相邻的国家有 14 个，分别是朝鲜、俄罗斯、蒙古、哈萨克斯坦、吉尔吉斯斯坦、塔吉克斯坦、阿富汗、巴基斯坦、印度、尼泊尔、不丹、缅甸、老挝、越南。同中国隔海相望的国家有 6 个，分别是韩国、日本、菲律宾、马来西亚、文莱、印度尼西亚。

中国由"世界工厂"向"世界市场"的角色转变和中国的城镇化进程，给周边国家提供了最具吸引力的市场机遇。中国已是周边几乎所有国家最大的贸易伙伴。快速发展、持续增长的中国经济已经惠及周边国家。中国周边大多数国家正处于社会转型、经济发展过程之中，中国丰富的资金、相对先进的技术和管理经验都是它们迫切需要的。中国与周边国家经济上合作日益密切，相互利益高度融合。中国已是蒙古、缅甸等周边国家的最大投资国。中国承接了周边国家的许多大型项目，参与了它们的铁路、公路、水利工程、港口、机场、电网、通信等基础设施建设。中国还与俄罗斯、哈萨克斯坦、乌兹别克斯坦、土库曼斯坦、缅甸等共建石油天然气管道。

同时，中国周边也成为世界热点较为集中的地区之一。激荡的民族主义情绪、历史问题的纠缠、久拖未决的领土和主权争议、核扩散危险的上升，以及经贸和金融领域的"规则"争论，都在不同程度地爆发。中国的国家安全环境面临不断上升的政治、军事、战略压力。

在中国东部，日本同中国在历史问题、领土争议、地缘战略等方面有深刻的矛盾。近年来，日本以钓鱼岛争端为借口，不断炒作"中国威胁论"，加强对西南诸岛的军事部署，以实行对中国海、空军的监控。2013年12月，日本召开"国家安全保障会议"和内阁会议，通过了《国家安全保障战略》《防卫计划大纲》和《中期防卫力量整备计划》，旨在提升海、陆、空自卫队联合作战能力，把矛头直指中国。

日本还在想方设法拉拢其他国家、机构，以结盟的形式妄图掣肘中国。日本不断深化日美军事同盟关系，拉拢和利用美国在钓鱼岛问题上形成对抗中国的战略态势。日本首相安倍晋三主张建立日美澳印四国联盟，构成钳制中国的菱形战略格局。日本还迈出与北约"安全合作"的第一步。安倍晋三与北约秘书长签署了一份旨在加强日本与北约军事安保合作的政治宣言。双方就加强军事情报交流、共同打击国际海盗组织、应对朝鲜半岛局势、维护海洋权益等问题达成共识。日本企图借助北约在全球范围形成牵制中国的战略格局。

在中国南部，菲律宾、越南挑起与中国的南海岛屿争议。菲律宾推进南海问题国际化和多边化，企图拉拢其他声索国和东盟组织与中国对抗，并加强与美国、日本等国的军事合作。2013年4月，菲律宾与美国在南海进行为期两周的"肩并肩2013"联合军事演习，并在我国黄岩岛附近进行"两栖登陆"演习，目的是磨合菲美两军之间协同作战的能力。2014年5月，越中冲突进一步升级。5月初，越南出动多艘武装船只强力干扰中国国有公司在中国西沙群岛海域开展的正常钻探活动。5 月中旬，越南境内爆发大规模的反华行动。

在中国的西南方向，对历史遗留的中印边界争端问题，虽然双方于 2005 年达成了"解决印中边界问题政治指导原则"，但近年来印度军方却接连作出不利于两国友好的举动。2010 年 11 月 11 日，印度军方在中印边境有争议的"阿鲁纳恰尔邦"（即中国的藏南地区）组建一支 5000 人的侦察兵部队外。同年 11 月 22 日，印军宣布再向中印边境新增派两个山地师，并公然宣称这两个师是为了"拱卫"所谓的"阿鲁纳恰尔邦"。2013 年 7 月，印度内阁安全委员会批准在印度东北部同中国的交界地带增加一支"山地打击军"，试图在区域内形成对中国的兵力优势。

在中国的西北方向，国际恐怖势力、宗教极端势力、民族分裂势力相互勾结，不时威胁中国西北边陲的安宁。在中国举行北京奥运会、新中国成立 60 周年和上海世博会等重大活动期间，一小撮"暴力极端势力"在对中国图谋不轨的国际势力支持下，制造了一些骇人听闻的血腥事件。

随着中国的崛起和东亚区域经济合作取得了长足发展，美国担心被边缘化，开始重新加强地区影响力的重塑。2011 年 11 月，美国政府宣布实施"转身亚太"与"再平衡"战略，主要包括经济、政治、军事三方面。美国在亚洲有重大战略利益存在，亚洲也是经济增长最活跃的地区。美国重返亚太，在经济上除了想让美国对该地区的出口成倍扩大，还在战略上拉拢自己的盟友和伙伴，力求以美国的市场经济规则来重新赢得未来国际贸易和市场开放进程中的"规则主导权"。美国在 2011 年 11 月正式推出 TPP（跨太平洋战略经济伙伴协定）框架协议，希望通过建立 TPP 来分食亚洲新兴经济体高速增长的红利，借此打开亚太市场，实现出口倍增计划。至今 TPP 谈判成员国已增加到 12 个（美国、日本、加拿大、墨西哥、澳大利亚、新西兰、智利、秘鲁、越南、马来西亚、文莱、新加坡），这 12 个国家的国内生产总值（GDP）和贸易总量将占全球的 40% 左右。TPP 已把东盟、日本和美国连在一起，中国有可能处于被边缘化的危险。同时，美国还想方设法阻挠中日韩自贸区及东盟＋中日韩（10＋3）的东亚经济一体化进程，妄图实现美国对亚太经济的主导。

在政治上，美国将参与东亚地区所有多边政治、安全对话协调机制，妄图发挥美国的所谓领导力量。美国在外交和防务关系上与那些与中国有领土和主权纠纷的国家站在一起，将中国合理的领土领海主权要求歪曲为中国有可能威胁亚太航行自由和海洋安全，为同与中国有主权争议的国家"输血打气"。在中日钓鱼岛争议问题上，美国的立场从迅速宣布美日军事同盟涵盖钓鱼岛进一步发展为支持钓鱼岛由日本实际管辖，反对中国单方面"破坏"日本行使钓鱼岛管辖权。美国的积极插手，助长了日本、菲律宾、越南等国在领土争议上所采取的强硬对抗立场，事实上降低了中国在解决领土争议问题上的政策选项。

在军事上，美国利用中国与越南、菲律宾之间的矛盾，设法重返这些地区，并在新加坡、澳大利亚、日本等地保持军事存在，强化与这些国家的军事同盟关系。2012年9月，美国在日本冲绳部署"鱼鹰"垂直起降运输机，在日本部署第二套导弹预警雷达。2013年4月，美国再次加强关岛力量，将其转为攻击性军事基地。2013年4月，美国在新加坡部署"自由"号新型濒海战斗舰。在2013年5月召开的香格里拉会议上，美国防部长哈格尔明确表示，在2020年之前，美国60%的海上力量和60%的空中力量都将部署在亚太地区。2014年5月，美国在日本部署"全球鹰"无人侦察机，9月，在韩国部署"全球鹰"无人侦察机。美国还扩大与印度、印尼、越南等国的防务合作，力促韩国加入美国的亚洲导弹防御体系，妄图在地缘战略态势上全面压制、孤立中国。

国家间关系由多重维度构成，如经济交往、文化交流、政治、外交关系等。国家间交往维度越多、交往密度越大，国家间关系越稳定。目前，中国与周边国家间的经济交往十分密切，如，中国是日本最大贸易对象国，是日本第二对外投资对象国；中国是越南第一大贸易伙伴。但在外交维度上，日本、越南近年来却与中国摩擦不断。这说明，仅靠经济交往这一个维度，还不足以维持国家间关系的和谐、稳定。以文化交流和经济交往来共同形塑政治，将是国家关系转型的有效方式。让少数民族典籍走向周边国家，传播中国"与邻为善、以邻为伴"的意愿，释放"睦邻、安邻、富邻"的原则，突出"亲、诚、惠、容"的理念，从而增强周边国家对中国的向心力。加强与周边国家的人文交流，夯实睦邻关系的社会基础，塑造一个更加和平稳定、发展繁荣的周边环境，增进国家间的互信，然后在此基础上缓和并改变国家间的政治格局。向外说明，中国走和平发展道理，是基于自己的文化传统，基于本国的根本利益和长远利益，是中国坚定不移的战略抉择。

中国正在由一个区域性大国成长为一个全球性大国，这一转变过程需要中国周边环境的支撑。我们需正视中国周边安全正在出现的新问题和新挑战。中国能否继续与周边邻国和睦相处、守望相助，对中国与世界关系的走向起着至为关键的作用。中国与世界关系的变化，首先反映在与周边国家的关系上。发挥中国作为亚洲核心国家的优势，适应局势复杂性的特点，充分运用文化交流的手段，利用"地缘相近、人缘相亲、文缘相通、商脉相连"的优势，积极谋划少数民族典籍走向周边国家，化成天下，维护亚太安全与和平，为和平发展提供重要的保障和支撑。

第四节　区域性合作组织路径

在经济全球化时代，国家间相互依存不断加强。中国在积极加入、参与一些区域性合作组织活动并在这些组织中扮演重要角色。这些组织在和平解决争端、维持区域和平与安全、保障共同利益及发展经济文化关系等方面，发挥着极其重要的作用。

区域性合作组织的成员国或者在民族、历史、文化、语言、宗教等方面有着密切的联系，或者具有共同的利益和政治背景，或者在政治、军事、经济和社会上有共同关心的问题，因此，区域性合作组织成员之间的相互交往为中国少数民族典籍输出到各成员国提供了极为有利的条件。在本节，我们拟通过分析中国加入或参与建设的区域性合作组织，为中国少数民族典籍梳理出一条顺利"走出去"的路径。

一 亚太经合组织

亚太经合组织（APEC）成立于 1989 年，是亚太地区层级最高、领域最广、最具影响力的经济合作机制。亚太经合组织现有 21 个成员，分别是澳大利亚、文莱、加拿大、智利、中国、中国香港、印度尼西亚、日本、韩国、墨西哥、马来西亚、新西兰、巴布亚新几内亚、秘鲁、菲律宾、俄罗斯、新加坡、中国台北、泰国、美国和越南。亚太经合组织主要讨论与全球和区域经济有关的议题，在促进区域贸易和投资自由化便利化方面不断取得进展，在推动全球和地区经济增长方面发挥了积极作用。

二 中国与东盟领导人会议（10 + 1）

中国与东盟领导人会议（10 + 1）是东盟 10 国（文莱、印度尼西亚、马来西亚、菲律宾、新加坡、泰国、越南、老挝、缅甸、柬埔寨）与中国领导人间举行的会议。中国与东盟自 1991 年开始对话进程。经过二十多年的共同努力，双方政治互信明显增强，经贸合作成效显著，其他领域合作不断拓展和深化。"10 + 1"确定了五大重点合作领域，即农业、信息通信、人力资源开发、相互投资和湄公河流域开发。"10 + 1"合作机制以经济合作为重点，逐渐向政治、安全、文化等领域拓展，已经形成了多层次、宽领域、全方位的良好局面。

三 东盟与中、日、韩领导人会议（10 + 3）

东盟与中、日、韩领导人会议（10 + 3）是东盟 10 国与中、日、韩领导人会议机制，于 1997 年发起。近年来，"10 + 3"已发展成为东亚合作的主要渠道，被认为是亚洲地区的发展方向和振兴的重要标志。

四 中日韩合作

中日韩合作（中日韩领导人会议）始于 1999 年，起初为中日韩三方在"10 + 3"框架内的合作。2008 年起，中日韩开始在"10 + 3"框架外举行领导人会议。中日韩合作现已建立起较完备的合作体系，形成了以领导人会议为核心,以外交、经贸、科技、文化等 18 个部长级会议和 50 多个工作层机制为支撑,全方位、多层次、宽领域的合作格局。

五　大湄公河次区域经济合作

大湄公河次区域经济合作(GMS)机制在亚洲开发银行推动下,成立于 1992 年。大湄公河次区域经济合作成员有中国、缅甸、老挝、泰国、柬埔寨、越南六个国家。此外,美国、日本、澳大利亚、欧盟、联合国亚太经社会、湄公河委员会等是该合作机制的发展伙伴。大湄公河次区域经济合作的宗旨是通过加强各成员间的经济联系、消除贫困,促进次区域的经济和社会发展。中国一贯重视大湄公河次区域经济合作,积极参与大湄公河次区域经济合作项目的规划与实施,并结合湄公河次区域国家需求不断提出务实合作倡议,与次区域各国的合作不断深化,为次区域以及亚洲地区的繁荣与稳定作出了重要贡献。

六　亚洲相互协作与信任措施会议

亚洲相互协作与信任措施会议(亚信)于 1993 年起作为论坛开始活动。亚信现有阿富汗、阿塞拜疆、巴林、柬埔寨、中国、埃及、印度、伊朗、伊拉克、以色列、约旦、哈萨克斯坦、吉尔吉斯斯坦、蒙古、巴基斯坦、巴勒斯坦、韩国、俄罗斯、塔吉克斯坦、泰国、土耳其、阿拉伯联合酋长国、乌兹别克斯坦、越南 24 个成员国。亚信是就亚洲地区安全问题进行对话与磋商的论坛,主要目标和宗旨是通过制定旨在增进亚洲和平、安全与稳定的多边信任措施来加强合作。

七　东盟地区论坛

东盟地区论坛(ARF)成立于 1994 年,是目前亚太地区最主要的官方多边安全对话与合作渠道。东盟地区论坛目前共有文莱、柬埔寨、印度尼西亚、老挝、马来西亚、缅甸、菲律宾、新加坡、泰国、越南、中国、日本、韩国、朝鲜、蒙古、印度、巴基斯坦、孟加拉国、斯里兰卡、俄罗斯、美国、加拿大、澳大利亚、新西兰、巴布亚新几内亚、东帝汶和欧盟

27 个成员，其中欧盟成员国有奥地利、比利时、保加利亚、塞浦路斯、克罗地亚、捷克共和国、丹麦、爱沙尼亚、芬兰、法国、德国、希腊、匈牙利、爱尔兰、意大利、拉脱维亚、立陶宛、卢森堡、马耳他、荷兰、波兰、葡萄牙、罗马尼亚、斯洛伐克、斯洛文尼亚、西班牙、瑞典、英国 28 国。东盟地区论坛主要就共同关心的政治与安全问题举行建设性对话和磋商，以维护亚太地区的稳定和安全。中国多年来一直积极参与东盟地区论坛有关进程，倡导开展非传统安全合作。

八 亚欧会议

亚欧会议（ASEM）成立于 1996 年，是亚洲和欧洲间重要的跨区域政府间论坛，旨在通过政治对话、经济合作和社会文化交流，增进了解，加强互信，推动建立亚欧新型、全面伙伴关系。截至 2012 年 11 月，亚欧会议的成员有 51 个，分别为亚洲的泰国、马来西亚、菲律宾、印度尼西亚、文莱、新加坡、越南、中国、日本、韩国、柬埔寨、老挝、缅甸、蒙古、印度、巴基斯坦、东盟秘书处、保加利亚、罗马尼亚、俄罗斯、澳大利亚、新西兰、孟加拉国；欧洲的意大利、德国、法国、荷兰、比利时、卢森堡、丹麦、爱尔兰、英国、希腊、西班牙、葡萄牙、奥地利、芬兰、瑞典、欧盟委员会、塞浦路斯、捷克、爱沙尼亚、匈牙利、拉脱维亚、立陶宛、马耳他、波兰、斯洛伐克、斯洛文尼亚、瑞士和挪威。

亚欧会议包括政治对话、经贸合作、社会文化及其他领域交流三大支柱。亚欧会议各成员在各层面开展政治对话，增进了相互了解和信任；在经贸合作方面，积极开展宏观经济和财金政策对话，共同致力于促进两地区经济和贸易稳定增长；在文化交流和文明对话方面共识不断增多，通过了《亚欧会议文化与文明对话宣言》，制定了中长期亚欧文化合作的规划文件。

九 东亚—拉美合作论坛

东亚—拉美合作论坛（FEALAC）成立于 1999 年，是目前唯一跨东亚和拉美两区域的官方多边合作论坛。东亚—拉美合作论坛现有中国、日本、韩国、蒙古、新加坡、印度尼西亚、马来西亚、泰国、菲律宾、文莱、越南、老挝、柬埔寨、缅甸、阿根廷、巴西、智利、哥伦比亚、委内瑞拉、玻利维亚、巴拿马、巴拉圭、秘鲁、乌拉圭、厄瓜多尔、墨西哥、哥斯达黎加、萨尔瓦多、古巴、尼加拉瓜、危地马拉、多米尼加、苏里南、洪都拉斯、澳大利亚和新西兰36个成员。论坛旨在增进两区域之间的了解，促进政治、经济对话及各领域合作，推动东亚和拉美国家之间建立更为密切的关系。中国是论坛创始成员国，积极参与论坛的各项活动，提出并举办了多个合作项目。

十　二十国集团

二十国集团（G20）由中国、阿根廷、澳大利亚、巴西、加拿大、法国、德国、印度、印度尼西亚、意大利、日本、韩国、墨西哥、俄罗斯、沙特阿拉伯、南非、土耳其、英国、美国以及欧盟等二十方成员组成。最初为七国集团财长会议于1999年倡议成立的财长和央行行长会议机制。2008年国际金融危机后，升格为领导人峰会。2009年9月，G20确定为国际经济合作主要论坛。

二十国集团成员涵盖面广，代表性强，构成兼顾了发达国家和发展中国家以及不同地域利益平衡，人口占全球的2/3，国土面积占全球的60%，国内生产总值占全球的90%，贸易额占全球的80%。G20峰会为推动世界经济复苏及国际金融体系改革作出了重要贡献。

十一　中非合作论坛

中非合作论坛成立于2000年10月，是中国和非洲国家在南南合作范畴内的集体对话机制。中非合作论坛成员为中国、阿尔及利亚、安哥拉、贝宁、博茨瓦纳、布隆迪、喀麦隆、佛得角、中非、乍得、刚果（布）、科摩罗、科特迪瓦、刚果（金）、吉布提、埃及、赤道几内亚、厄立特里亚、埃塞俄比亚、加蓬、加纳、几内亚、几内亚比绍、肯尼亚、莱索托、利比里亚、利比亚、马达加斯加、马拉维、马里、毛里塔尼亚、毛里求斯、摩洛哥、莫桑比克、纳米比亚、尼日尔、尼日利亚、卢旺达、塞内加尔、塞舌尔、塞拉利昂、索马里、南非、苏丹、南苏丹、坦桑尼亚、多哥、突尼斯、乌干达、赞比亚、津巴布韦以及非洲联盟委员会。中非合作论坛成立以来,中国在对非援助、减免债务和关税、人才培训、医疗救助、非洲的和平与安全等方面,给予非洲成员国以无私的帮助。

十二　博鳌亚洲论坛

博鳌亚洲论坛(BFA)于2001年2月在海南省琼海市博鳌镇召开大会,宣布成立。论坛26个发起国:东亚四国:中国、韩国、日本、蒙古;东南亚十国:缅甸、泰国、老挝、越南、柬埔寨、印尼、马来西亚、菲律宾、新加坡、文莱;南亚五国:印度、巴基斯坦、孟加拉国、斯里兰卡、尼泊尔;西亚一国:伊朗;中亚五国:哈萨克斯坦、吉尔吉斯斯坦、塔吉克斯坦、乌兹别克斯坦、土库曼斯坦;亚太地区:澳大利亚。2006年4月20日,经论坛理事会和会员大会批准,以色列和新西兰被追加为博鳌亚洲论坛的发起国,博鳌亚洲论坛发起国增至28个。论坛为非官方、非营利性、定期、定址的国际组织。博鳌亚洲论坛以平等、互惠、合作和共赢为主旨,立足亚洲,推动亚洲各国间的经济交流、协调与合作;同时又面向世界,增强亚洲与世界其他地区的对话与经济联系。

十三　上海合作组织

上海合作组织成立于2001年6月15日,成员国为中国、俄罗斯、哈萨克斯坦、吉尔吉斯斯坦、塔吉克斯坦、乌兹别克斯坦。现有蒙古、巴基斯坦、伊朗、印度、阿富汗5个观察员国,白俄罗斯、斯里兰卡、土耳其3个对话伙伴。6个成员国领土总面积超过3018万平方千米,占欧亚大陆的3/5;加上观察员国,领土总面积超过3781万平方千米。成员国人口总和为15.25亿,占世界人口的1/4;加上观察员国,人口总和达28亿,占世界人口的近一半。

上海合作组织旨在加强成员国睦邻互信和友好合作,维护地区安全稳定,促进地区和成员国的经济发展,推动建立公正合理的国际政治经济新秩序,倡导互信、互利、平等、协商、尊重多样文明、谋求共同发展的

"上海精神"。上海合作组织主要在成员国之间开展安全合作、经济合作、人文合作等领域的活动。

十四　亚洲合作对话

亚洲合作对话（ACD）于2002年6月启动，是面向全亚洲的官方合作与对话机制。亚洲合作对话现有中国、日本、韩国、蒙古、俄罗斯、东盟10国（文莱、柬埔寨、印尼、老挝、马来西亚、缅甸、菲律宾、新加坡、泰国、越南）、印度、巴基斯坦、阿富汗、孟加拉国、斯里兰卡、不丹、哈萨克斯坦、吉尔吉斯斯坦、塔吉克斯坦、乌兹别克斯坦、沙特、伊朗、土耳其、阿联酋、科威特、阿曼、卡塔尔、巴林33个成员国。亚洲合作对话以经济合作为重点，包括能源、农业、生物技术、中小企业合作、旅游等20个领域。各国自愿牵头开展具体领域合作。中国现担任农业、能源领域合作牵头国。

十五　中国—葡语国家经贸合作论坛

中国—葡语国家经贸合作论坛是由中国发起的国际经贸论坛，于2003年10月在澳门成立。葡语系国家为葡萄牙、东帝汶、巴西、佛得角、几内亚比绍、安哥拉和莫桑比克等，这七国遍布五大洲，既拥有充足的自然资源，也有超过2亿人口的消费市场，并各自处于相对优越的地理位置，与中国经济发展有较大的互补合作潜力。中葡论坛成立以来，中国与葡语国家间的贸易额实现了跨越式增长。

十六　中国—阿拉伯国家合作论坛

中国—阿拉伯国家合作论坛成立于2004年1月，宗旨为加强对话与合作、促进和平与发展。中国—阿拉伯国家合作论坛成员为中国和阿拉伯国家联盟22个成员国，即约旦、阿联酋、巴林、突尼斯、阿尔及利亚、吉布提、沙特、苏丹、索马里、伊拉克、阿曼、巴勒斯坦、卡塔尔、科摩罗、科威特、黎巴嫩、利比亚、埃及、摩洛哥、毛里塔尼亚、也门、叙利亚。除部长级会议和高官会外，"论坛"框架下逐步形成了中阿企业家大会暨投资研讨会、中阿关系暨中阿文明对话研讨会、中阿友好大会、中阿能源合作大会、中阿新闻合作论坛、中阿互办艺术节、中阿卫生高官会议等机制。中国—阿拉伯国家合作论坛增进了双方人民间的相互了解和友谊。

十七 东亚峰会

东亚峰会（EAS）于 2005 年 12 月启动，是年度领导人会议机制。现有文莱、柬埔寨、印尼、老挝、马来西亚、缅甸、菲律宾、新加坡、泰国、越南、中国、日本、韩国、印度、澳大利亚、新西兰、俄罗斯、美国18 个参与国。东亚峰会主要通过外长及高官会晤回顾峰会合作，就未来发展方向交换意见。峰会确定能源、金融、教育、公共卫生、灾害管理、东盟互联互通为重点合作领域，并初步形成经贸、能源、环境、教育部长的定期会晤机制。

十八 金砖国家

金砖国家（BRICS）最初指中国、俄罗斯、印度、巴西四个成长前景被看好的新兴市场国家。经俄罗斯倡议，四国于 2006 年 9 月联合国大会期间举行了首次金砖国家外长会晤，此后每年依例举行。2010 年 12 月，四国在协商一致的基础上，正式吸收南非加入机制，英文名称为 BRICS。

金砖国家遵循开放透明、团结互助、深化合作、共谋发展原则和"开放、包容、合作、共赢"的金砖国家精神，致力于构建更紧密、更全面、更牢固的伙伴关系。金砖国家近年来逐步形成了包括领导人会晤、安全事务高级代表会议、外长会晤、专业部长会晤、协调人会议、常驻多边机构使节不定期沟通以及各领域务实合作在内的多层次合作机制。

中国在这些区域性组织中扮演着重要角色，与上述组织成员在地区安全、国际关系、经济、金融、贸易、能源、生态、环保等方面存在相互关切，相互之间互动交流较频繁，沟通渠道较顺畅，这为少数民族典籍输出到相关成员国创造了良好的条件。顺应这条路径向外译介中国少数民族典籍，通过文化交流，进一步扩大各国间的相互了解，增信释疑，加深友谊。

第五节　"一带一路"路径

"一带一路"是指"新丝绸之路经济带"和"21世纪海上丝绸之路"。2013年秋，国家主席习近平出访中亚和南亚时，提出与周边国家共同建设新丝绸之路经济带和21世纪海上丝绸之路的倡议。

习近平主席的这一倡议是复兴我国古代丝绸之路的伟大创举。历史上，陆上丝绸之路和海上丝绸之路就是中国同中亚、东南亚、南亚、西亚、非洲、欧洲经贸和文化交流的大通道。陆上丝绸之路是指西汉时期张骞出使西域，开拓的中国通往中亚、西亚、欧洲、非洲的商业贸易、文化交流路线。沿着这条丝绸之路，中国的丝绸、茶叶、纸张、典籍、钢铁、铸铁技术、造纸术、印刷术、穿井开渠技术输出到沿线国家。土库曼斯坦的木鹿是当时中国钢铁的集散地。在阿曼境内，至今仍然有4000多条采用中国方法开凿的地下渠。海上丝绸之路起于汉武帝时期，兴于隋唐，明朝中叶因海禁而衰落。海上丝绸之路从中国沿海港口城市至朝鲜、日本、东南亚、南亚、阿拉伯诸国和东非沿海各国，将中国的丝绸制品、瓷器等销往海外。沿线国家的商贾、文人、僧侣来中国经商、学习，并将中国的典籍、文化、技术带回本国，进一步发扬光大。陆上丝绸之路和海上丝绸之路是中国走向世界的标志，是中西经济、文化交流的桥梁。"一带一路"是对古丝绸之路的传承和提升，是少数民族典籍"走出去"的一条便利通道。

作为以贸易为主要载体的跨国战略合作的设想，"一带一路"东接亚太经济圈，西进欧洲经济圈，沿途连通中亚、东南亚、南亚、西亚和东非等地，打破了原来的点状、块状的区域发展模式。"一路一带"是我国发挥地缘政治优势，推进多边跨境贸易、交流合作的重要平台。同时，"一带一路"战略还可以制衡美国主导的试图孤立中国而推进TPP（跨太平洋伙伴关系协议）、TTIP（跨大西洋贸易伙伴谈判），还可赢得在"一带一路"经贸中全球贸易新规则的制定权。

目前已经纳入"一带一路"建设规划的国家主要有中国、孟加拉国、文莱、柬埔寨、印度、哈萨克斯坦、科威特、老挝、马来西亚、蒙古国、缅甸、尼泊尔、阿曼、巴基斯坦、菲律宾、卡塔尔、新加坡、斯里兰卡、泰国、乌兹别克斯坦和越南。从世界版图上看,"一带一路"贯穿欧亚大陆,东连亚太经济圈,西入欧洲经济圈,沿线总人口约44亿,经济总量约21万亿美元,分别约占全球的63%和29%。这是世界上跨度最长的经济大走廊,也是最具发展潜力的经济合作带。

"一带"所经区域,目前有新亚欧大陆桥、"渝新欧"国际铁路、蓉欧国际快速铁路货运直达班列和中亚国际铁路货运列车四条交通大动脉。

新亚欧大陆桥于1992年12月1日正式投入国际集装箱运输业务。这条横贯亚欧两大洲的铁路大通道,全长10900多公里。相较绕行马道六甲海峡——苏伊士运河道德海运通道,运程缩短了1万公里。在中国段,新亚欧大陆桥上坐落着徐州铁路枢纽、商丘铁路枢纽、郑州铁路枢纽、西安铁路枢纽、宝鸡铁路枢纽、兰州铁路枢纽。新亚欧大陆桥北线经中国北疆铁路到达边境阿拉山口进入哈萨克斯坦,由哈萨克斯坦阿克套北上与西伯利亚大铁路接轨,经俄罗斯、白俄罗斯、波兰通往西欧及北欧诸国。中线经中国北疆铁路到达边境阿拉山口进入哈萨克斯坦,由哈萨克斯坦往俄罗斯、乌克兰、斯洛伐克、匈牙利、奥地利、瑞士、德国、法国至英吉利海峡港口转海运或由哈萨克斯坦阿克套南下,沿吉尔吉斯斯坦边境经乌兹别克斯坦塔什乾及土库曼斯坦阿什哈巴德西行至克拉斯诺沃茨克,过里海达阿塞拜疆的巴库,再经格鲁吉亚第比利斯及波季港,越黑海至保加利亚的瓦尔纳,并经鲁塞进入罗马尼亚、匈牙利通往中欧诸国。南线由土库曼斯坦阿什哈巴德向南入伊朗,至马什哈德折向西,经德黑兰、大不里士入土耳其,过博斯普鲁斯海峡,经保加利亚通往中欧、西欧及南欧诸国。

"渝新欧"铁路是重庆至欧洲的国际铁路大通道,于2011年1月开通。这条铁路从重庆出发,经西安、兰州、乌鲁木齐,向西过北疆铁路,到达边境口岸阿拉山口,进入哈萨克斯坦,再经俄罗斯、白俄罗斯、波兰,至德国的杜伊斯堡,全长11179公里,是世界上最长的铁路之一。

2012 年这条国际大通道将继续西进 202 公里，从德国的杜伊斯堡西延至比利时的安特卫普，将欧盟总部所在国比利时与重庆直接相连。

蓉欧国际快速铁路货运直达班列于 2013 年 4 月正式开通。列车从成都青白江集装箱中心站出发，经兰州到新疆阿拉山口出境，途经哈萨克斯坦、俄罗斯、白俄罗斯等国，直达波兰罗兹，线路全长 9826 公里。其运输时间是传统铁海联运时间的 1/3，运价是空运费用的 1/4。2014 年 10 月，成都与昆明、贵阳两市签署了合作利用中欧班列"蓉欧快铁"的框架协议，三市政府将发挥各自优势开展合作，将蓉欧快铁延伸至昆明、贵阳两市，促进西部地区与欧洲各国经济贸易交流，实现共同发展。

中亚国际铁路货运列车于 2014 年 7 月开始运行。列车从成都铁路口岸出发，沿兰州、乌鲁木齐一路向西，经阿拉山口出境，换轨后分别开往哈萨克斯坦的阿拉木图、吉尔吉斯斯坦的比时凯克、乌兹别克斯坦的塔什干、塔吉克斯坦的杜尚别以及土库曼斯坦的阿什哈巴特，全程运行 9—11 天，比原来节省大约一半的时间。

此外，中国和哈萨克斯坦投资的"中国西部—欧洲西部"公路预计 2015 年全线建成开通。从中国新疆经吉尔吉斯斯坦至乌克兰的中吉乌铁路于 2012 年完成了可行性研究报告。2014 年 7 月，由中国企业承建的土耳其安伊高铁二期工程正式通车。土耳其外交部中东和亚太事务司总司长埃尔辛表示，中国提出的"一带一路"战略构想与土耳其建设"东西线铁路"的想法不谋而合，土耳其愿意积极融入"一带一路"建设，期待与中方开展铁路等多领域合作。

"一路"所经区域，中国于 2013 年 5 月提出的孟中印缅经济走廊等规划已得到孟印缅三方的积极响应，总覆盖面积约 165 万平方千米，覆盖人口达 4.4 亿。地缘位置极具优势的这条走廊直接辐射东亚、南亚、东南亚、中亚几个大市场。

斯里兰卡最大的外商投资项目，由中国招商局国际有限公司主导融资、设计、建造、运营及管理的科伦坡港南集装箱码头于 2014 年 4 月竣工。科伦坡港南集装箱码头项目总投资超过 5 亿美元，共建设 4 个泊位，码头岸线总长 1200 米，年设计集装箱吞吐能力 240 万标箱，可停靠世界上最大的 18000 标准箱的货柜轮。科伦坡港南集装箱码头将成为"21 世纪海上丝绸之路重要枢纽"。

为进一步建设"一带一路"，2013 年 9 月，国家主席习近平提出"五通"模式，即政策沟通、道路联通、贸易畅通、货币流通和民心相通。2014 年 11 月 8 日，国家主席习近平在"加强互联互通伙伴关系"东道主伙伴对话会上宣布，中国将出资 400 亿美元成立丝路基金，加快互联互通建设。习近平主席就此提出五点建议[①]：

第一，以亚洲国家为重点方向，率先实现亚洲互联互通。"一带一路"源于亚洲、依托亚洲、造福亚洲。中国愿通过互联互通为亚洲邻国提供更多公共产品，欢迎大家搭乘中国发展的列车。

第二，以经济走廊为依托，建立亚洲互联互通的基本框架。"一带一路"兼顾各国需求，统筹陆海两大方向，涵盖面宽，包容性强，辐射作用大。

第三，以交通基础设施为突破，实现亚洲互联互通的早期收获，优先部署中国同邻国的铁路、公路项目。

第四，以建设融资平台为抓手，打破亚洲互联互通的瓶颈。中国将出资 400 亿美元成立丝路基金。丝路基金是开放的，欢迎亚洲域内外的投资者积极参与。

第五，以人文交流为纽带，夯实亚洲互联互通的社会根基。中国支持不同文明和宗教对话，鼓励加强各国文化交流和民间往来。未来五年，中国将为周边国家提供两万个互联互通领域培训名额。

在"加强互联互通伙伴关系"东道主伙伴对话会上，国家主席习近平明确表示："中方高度重视联通中国和巴基斯坦、孟加拉国、缅甸、老挝、柬埔寨、蒙古国、塔吉克斯坦等邻国的铁路、公路项目，将在推进'一带一路'建设中优先部署。"这意味着，中国的"一带一路"战略，

---

① 习近平：《联通引领发展　伙伴聚焦合作——在"加强互联互通伙伴关系"东道主伙伴对话会上的讲话》，新华网：http://news.xinhuanet.com/2014－11/08/c_ 127192119.htm。

将首先从中巴走廊、孟中印缅走廊等周边国家开始推进。

另一条新达成共识的中国——新加坡经济走廊，从中国西南地区的南宁出发，经越南、老挝、泰国、柬埔寨到马来西亚和新加坡。中新经济走廊覆盖七个国家和二十多个节点城市。

还有一条连接中国、俄罗斯和蒙古国的中蒙俄经济走廊，也在酝酿之中。这一包含了满洲里和二连浩特开放区的路线，设想把丝绸之路经济带同俄罗斯跨欧亚大铁路、蒙古国草原之路进行对接。

"一带一路"既是促进亚欧经济发展的战略构想，也是中国建设性介入国际事务的实践平台。"一带一路"战略初步涉及我国新疆、陕西、甘肃、宁夏、青海、重庆、云南、四川、山西、浙江、江苏、山东、湖北、福建、河南、贵州、西藏、广东、广西、海南 20 个省区市。对当地产业而言，文化、旅游、贸易、金融、交通、基建将首先获益。"一带一路"是我国西部继续开发开放、东部转型走出去的现实需要，是我国沿边、内陆持续开放的新战略。上述省区市也是我国少数民族分布相对较集中的地区，我们有义务及时将少数民族典籍译介到参与"一带一路"建设的世界各国，通过文化交流来夯实互联互通的根基。

第六节　小结

从中国对外直接投资、国家外交关系、国家周边环境、中国加入的区域性合作组织、中国跨国战略合作等多个维度，我们梳理了少数民族典籍"走出去"的各种路径。按照少数民族典籍沿着上述路径"走出去"的难易程度，可把路径规划分为两类：功能路径和顺应路径。功能路径即需要发挥文化交流的解释、说明、教化功能，面对那些对中国发展存在疑虑、偏见、误解的国家或地区，说明中国的发展是和平的发展，不会对其他国家或地区构成威胁。沿着这条路径向外传播少数民族典籍，难度较大，但对于营造更为良好和稳定的周边环境，保障周边环境安全，战略意义重大。需要通过少数民族典籍"走出去"来缓和、化解矛盾、冲突、误解等，需要通过少数民族典籍"走出去"来向外说明中国的崛起是和平的崛起。顺应路径即中国前期已经有了较好的对外经济、外交交往的铺垫，对方民众已经产生进一步了解中华文化的兴趣和愿望，少数民族典籍沿着这条路径向外传播，容易为外国受众所接受。沿着功能路径向外输出少数民族典籍，比顺应路径难度要大得多，但从国家利益出发，应将功能路径作为少数民族典籍"走出去"的优先方向。从顶层设计、中层规划、资助额度到制度安排等，都应向"优先路径"倾斜。

一　少数民族典籍"走出去"的优先路径

将国家安全放在首位，中国少数民族典籍应优先译介到下列 21 个国家：美国、朝鲜、俄罗斯、蒙古、哈萨克斯坦、吉尔吉斯斯坦、塔吉克斯坦、阿富汗、巴基斯坦、印度、尼泊尔、不丹、缅甸、老挝、越南、韩国、日本、菲律宾、马来西亚、文莱、印度尼西亚。

二　少数民族典籍"走出去"的顺应路径

为了增加中华文化的吸引力、拓展中华文化的国际影响力和辐射力，少数民族典籍还应沿着中国的对外经济交流、外事交往、中国所参与的区域性国际组织活动等路径译介到下列 131 个国家：阿尔及利亚、阿根廷、阿拉伯联合酋长国、阿曼、阿塞拜疆、埃及、埃塞俄比亚、爱尔兰、爱沙尼亚、安哥拉、奥地利、澳大利亚、巴布亚新几内亚、巴拉圭、巴勒斯坦、巴林、巴拿马、巴西、白俄罗斯、保加利亚、贝宁、比利时、波兰、玻利维亚、博茨瓦纳、布隆迪、赤道几内亚、丹麦、德国、东帝汶、多哥、多米尼加、厄瓜多尔、厄立特里亚、法国、芬兰、佛得角、刚果（布）、刚果（金）、哥伦比亚、哥斯达黎加、古巴、荷兰、洪都拉斯、吉布提、几内亚、几内亚比绍、加拿大、加纳、加蓬、柬埔寨、捷克共和国、津巴布韦、喀麦隆、卡塔尔、科摩罗、科特迪瓦、科威特、克罗地亚、肯尼亚、拉脱维亚、莱索托、黎巴嫩、立陶宛、利比里亚、利比亚、卢森堡、卢旺达、罗马尼亚、马达加斯加、马尔代夫、马耳他、马拉维、马里、毛里求斯、毛里塔尼亚、孟加拉国、秘鲁、摩洛哥、莫桑比克、墨西哥、纳米比亚、南非、南苏丹、尼加拉瓜、尼日尔、尼日利亚、挪威、葡萄牙、瑞典、瑞士、萨尔瓦多、塞拉利昂、塞内加尔、塞浦路斯、塞舌尔、沙特阿拉伯、斯里兰卡、斯洛伐克、斯洛文尼亚、苏丹、苏里南、索马里、泰国、坦桑尼亚、特立尼达和多巴哥、突尼斯、土耳其、土库曼斯坦、危地马拉、委内瑞拉、乌干达、乌拉圭、乌兹别克斯坦、西班牙、希腊、新加坡、新西兰、匈牙利、叙利亚、也门、伊拉克、伊朗、以色列、意大利、英国、约旦、赞比亚、乍得、智利、中非共和国。

第五章

少数民族典籍翻译规划

语言是最重要的文化传播手段，语言是存在的家。少数民族典籍要真正进入目标国，在目标国生根、产生持久的影响，须译为该国的官方语言。翻译是架设国际文化交流的桥梁。现在学汉语的外国人数量在增加，"截至 2014 年 10 月，全球已建立 471 所孔子学院和 730 个孔子课堂，分布在 125 个国家（地区）"①。来中国的外国留学生也在逐年增加，"2013 年共计有来自 200 个国家和地区的 356499 名各类外国留学人员分布在全国 31 个省、自治区、直辖市的 746 所高等学校、科研院所和其他教育教学机构中学习"②。但对汉语掌握的熟练程度能够达到如本族语一样的外国人，数量肯定极为稀少。犹如现在中国全民在学英语，但中国从英语国家引进、翻译出版的图书数量却最多。"改革开放 30 年来，我国从英语国家引进的翻译出版物有 55323 种，占所有翻译出版物数量的 56.7%。"③况且还有很多少数民族典籍是以少数民族语言文字记载、传承的。因此，少数民族典籍"走出去"，要通过翻译进行语言转换。为了扩大中华文化

① http：//www. hanban. edu. cn/confuciousinstitutes/node_ 10961. htm.
② http：//www. phbang. cn/general/143691. html.
③ 魏清光：《改革开放以来中国翻译活动的社会运行研究》，中国社会科学出版社 2014 年版，第 55 页。

的覆盖面和影响力，更好地对外传播少数民族文化，有必要从外语语种、翻译策略和翻译人才培养等方面加以综合设计。

第一节 语种规划

要将少数民族典籍输出到以上与中国有着较密切的经济、外交、地缘政治等关系的 152 个国家，首先应清楚上述国家各自所使用的官方语言，然后再进行针对性的应对。

在本节，我们先对这 152 个国家的官方语言作一梳理，如果一个国家使用两种以上的官方语言，我们则分别进行统计。

表 4   与中国关系密切的 152 个国家官方语言统计

官方语言	使用国家	官方语言	使用国家
1. 阿非利卡语	南非	2. 阿姆哈拉语	埃塞俄比亚
3. 阿塞拜疆语	阿塞拜疆	4. 爱尔兰语	爱尔兰
5. 爱沙尼亚语	爱沙尼亚	6. 巴布亚皮钦语	巴布亚新几内亚
7. 白俄罗斯语	白俄罗斯	8. 班巴拉语	马里
9. 保加利亚语	保加利亚	10. 波兰语	波兰
11. 茨瓦纳语	博茨瓦纳	12. 丹麦语	丹麦
13. 德顿语	东帝汶	14. 迪维希语	马尔代夫
15. 芬兰语	芬兰	16. 高棉语	柬埔寨
17. 瓜拉尼语	巴拉圭	18. 哈萨克语	哈萨克斯坦
19. 豪萨语	尼日尔	20. 基隆迪语	布隆迪
21. 吉尔吉斯语	吉尔吉斯斯坦	22. 捷克语	捷克共和国
23. 科摩罗语	科摩罗	24. 科萨语	南非
25. 克里奥尔语	塞舌尔	26. 克罗地亚语	克罗地亚
27. 库尔德语	伊拉克	28. 拉脱维亚语	拉脱维亚
29. 老挝语	老挝	30. 立陶宛语	立陶宛
31. 卢森堡语	卢森堡	32. 卢旺达语	卢旺达
33. 罗马尼亚语	罗马尼亚	34. 罗曼什语	瑞士
35. 马达加斯加语	马达加斯加	36. 马耳他语	马耳他

续表

官方语言	使用国家	官方语言	使用国家
37. 毛利语	新西兰	38. 蒙古语	蒙古
39. 孟加拉语	孟加拉国	40. 缅甸语	缅甸
41. 尼泊尔语	尼泊尔	42. 挪威语	挪威
43. 普什图语	阿富汗	44. 齐切瓦语	马拉维
45. 日语	日本	46. 塞苏陀语	莱索托
47. 僧伽罗语	斯里兰卡	48. 斯洛伐克语	斯洛伐克
49. 斯洛文尼亚语	斯洛文尼亚	50. 斯佩迪语	南非
51. 索马里语	索马里	52. 塔吉克语	塔吉克斯坦
53. 泰语	泰国	54. 提格雷尼亚语	厄立特里亚
55. 土库曼语	土库曼斯坦	56. 乌尔都语	巴基斯坦
57. 乌兹别克语	乌兹别克斯坦	58. 希伯来语	以色列
59. 匈牙利语	匈牙利	60. 印地语	印度
61. 印度尼西亚语	印度尼西亚	62. 越南语	越南
63. 宗卡语	不丹	64. 祖鲁语	南非
65. 波斯语	伊朗、阿富汗	66. 朝鲜语	朝鲜、韩国
67. 俄语	俄罗斯、白俄罗斯	68. 瑞典语	芬兰、瑞典
69. 斯瓦希里语	肯尼亚、坦桑尼亚	70. 泰米尔语	斯里兰卡、新加坡
71. 土耳其语	塞浦路斯、土耳其	72. 希腊语	塞浦路斯、希腊]
73. 意大利语	意大利、瑞士	74. 德语	奥地利、比利时、德国、卢森堡、瑞士
75. 荷兰语	比利时、荷兰、苏里南	76. 马来语	新加坡、马来西亚、文莱

官方语言	使用国家
77. 葡萄牙语	安哥拉、巴西、赤道几内亚、东帝汶、佛得角、几内亚比绍、莫桑比克、葡萄牙
78. 阿拉伯语	阿尔及利亚、阿拉伯联合酋长国、阿曼、埃及、巴勒斯坦、巴林、厄立特里亚、吉布提、卡塔尔、科摩罗、科威特、黎巴嫩、利比亚、毛里塔尼亚、摩洛哥、沙特阿拉伯、苏丹、索马里、突尼斯、叙利亚、也门、伊拉克、以色列、约旦、乍得
79. 法语	阿尔及利亚、贝宁、比利时、布隆迪、赤道几内亚、多哥、多米尼加、法国、刚果（布）、刚果（金）、吉布提、几内亚、加拿大、加蓬、喀麦隆、科摩罗、科特迪瓦、卢森堡、马达加斯加、马里、毛里求斯、摩洛哥、尼日尔、瑞士、塞内加尔、塞舌尔、叙利亚、乍得、中非共和国

续表

官方语言	使用国家
80. 西班牙语	阿根廷、巴拿马、巴拉圭、玻利维亚、赤道几内亚、多米尼加、厄瓜多尔、哥伦比亚、哥斯达黎加、古巴、洪都拉斯、秘鲁、摩洛哥、墨西哥、尼加拉瓜、萨尔瓦多、危地马拉、委内瑞拉、乌拉圭、西班牙、智利
81. 英语	爱尔兰、澳大利亚、巴布亚新几内亚、博茨瓦纳、多米尼加、厄立特里亚、津巴布韦、喀麦隆、肯尼亚、莱索托、利比里亚、加拿大、加纳、卢旺达、马耳他、马拉维、毛里求斯、孟加拉国、纳米比亚、南非、南苏丹、尼日利亚、塞拉利昂、塞浦路斯、塞舌尔、坦桑尼亚、特立尼达和多巴哥、乌干达、新加坡、新西兰、叙利亚、英国、赞比亚、美国、巴基斯坦、印度、尼泊尔、菲律宾

与中国关系密切的 152 个国家，共使用阿非利卡语等 81 种语言作为各自的官方语言。为了将少数民族典籍输出到这 152 个国家，需要翻译为上表中的 81 种外语。

现阶段，我们是否有能力将少数民族典籍翻译为这 81 个外语语种？高等院校是培养高素质翻译人才的主要场所，国家教育部《普通高等学校本科专业目录》中设立的外语语种有 60 种（见下表）。截至 2014 年 7 月 9 日，全国共有 2529 所高等院校，其中包括普通高等学校 1802 所、民办普通高校 444 所和独立学院 283 所[①]。我们登录这些高校的招生信息网站（军事院校除外）逐一进行梳理，将目前为止开设非通用语本科专业的院校进行分类统计。几所军事院校的非通用语专业招生信息，我们通过教育部下属的"中国教育在线"网站（http://www.eol.cn/）查询获取。英语已是通用语，在中国，几乎全民都在学英语，所以我们未将我国高等院校所开设的英语本科专业统计在内。

表5　　　　　　　　全国高校开设非通用语本科专业统计

非通用语名称	招生院校数量	非通用语名称	招生院校数量	非通用语名称	招生院校数量
1. 俄语	88	2. 德语	89	3. 法语	101
4. 西班牙语	41	5. 阿拉伯语	17	6. 日语	426

---

① 教育部网站：http://www.moe.edu.cn/publicfiles/business/htmlfiles/moe/s245/list.html。

续表

非通用语名称	招生院校数量	非通用语名称	招生院校数量	非通用语名称	招生院校数量
7. 波斯语	3	8. 朝鲜语（韩语）	103	9. 菲律宾语	2
10. 梵语巴利语	1	11. 印度尼西亚语	10	12. 印地语	8
13. 柬埔寨语	4	14. 老挝语	4	15. 缅甸语	6
16. 马来语	6	17. 蒙古语	4	18. 僧伽罗语	2
19. 泰语	19	20. 乌尔都语	2	21. 希伯来语	3
22. 越南语	16	23. 豪萨语	2	24. 斯瓦希里语	3
25. 阿尔巴尼亚语	1	26. 保加利亚语	1	27. 波兰语	1
28. 捷克语	1	29. 斯洛伐克语	1	30. 罗马尼亚语	1
31. 葡萄牙语	11	32. 瑞典语	3	33. 塞尔维亚语	1
34. 土耳其语	4	35. 希腊语	1	36. 匈牙利语	3
37. 意大利语	13	38. 泰米尔语	1	39. 普什图语	2
40. 世界语	1	41. 孟加拉语	1	42. 尼泊尔语	2
43. 克罗地亚语	1	44. 荷兰语	2	45. 芬兰语	0
46. 乌克兰语	2	47. 挪威语	0	48. 丹麦语	0
49. 冰岛语	0	50. 爱尔兰语	0	51. 拉脱维亚语	0
52. 立陶宛语	0	53. 斯洛文尼亚语	0	54. 爱沙尼亚语	0
55. 马耳他语	0	56. 哈萨克语	0	57. 乌兹别克语	0
58. 祖鲁语	0	59. 拉丁语	0	60. 英语	未作统计

从上表看，我国高等院校非通用语本科专业的设置是极不均衡的，所开设的非通用语集中在日语、法语、德语、俄语和朝鲜语（韩语）五个语种，开设其他非通用语的高校数量极少，像罗马尼亚语等13种非通用语只在一所高校开设有本科专业，还有13种非通用语，虽然列入教育部《普通高等学校本科专业目录》，但无一高校开设。这说明，我国高等院校开设非通用语本科专业，仍然是以"内向需求"为主导的。官方语言为日语、法语、德语、俄语、朝鲜语（韩语）的日本、法国、德国、俄罗斯、韩国等国都是经济发达国家，我国需要通过翻译引进这些国家的先进技术、先进管理经验；或因为这些国家与我国的经济交往较多，我国需要学习这些国家的语言以方便与这些国家交流；或者这些国家在我国设立

的外资或合资企业较多，学习这些国家的语言，可以方便大学生就业。但现在格局已经发生了改变，中国已是世界第二大经济体，中国已是世界第三大对外直接投资国，我们需要融入世界，需要走出去主动向全世界说明中国。从国家战略出发，对非通用语本科专业的设置，应该及时转为"外向参与"为主导，应培养多语种翻译人才向全世界讲述中国故事。

目前，世界主要国家都把开设多语种教育作为国家战略，"美国哈佛大学开设有 90 多个语种，英国伦敦大学开设有 80 多个语种，法国国立东方语言文化学院开设有 90 多个语种，俄罗斯莫斯科大学开设有 120 多个语种，日本东京外国语大学和大阪大学开设有 60 多个语种"①。这些国家的做法值得我们借鉴。我国教育部尚未从国家战略层面上来考虑外语语种的设置问题，这与我国的国际地位是不相称的。从国家利益出发，我国高校教育的外语语种设置应该为以下 81 种：阿非利卡语、阿拉伯语、阿姆哈拉语、阿塞拜疆语、爱尔兰语、爱沙尼亚语、巴布亚皮钦语、班巴拉语、保加利亚语、波兰语、波斯语、朝鲜语、茨瓦纳语、丹麦语、德顿语、德语、迪维希语、俄语、法语、芬兰语、高棉语、瓜拉尼语、哈萨克语、豪萨语、荷兰语、白俄罗斯语、基隆迪语、吉尔吉斯语、捷克语、科摩罗语、科萨语、克里奥尔语、克罗地亚语、库尔德语、拉脱维亚语、老挝语、立陶宛语、卢森堡语、卢旺达语、罗马尼亚语、罗曼什语、马达加斯加语、马耳他语、马来语、毛利语、蒙古语、孟加拉语、缅甸语、尼泊尔语、挪威语、葡萄牙语、普什图语、齐切瓦语、日语、瑞典语、塞苏陀语、僧伽罗语、斯洛伐克语、斯洛文尼亚语、斯佩迪语、斯瓦希里语、索马里语、塔吉克语、泰米尔语、泰语、提格雷尼亚语、土耳其语、土库曼语、乌尔都语、乌兹别克语、西班牙语、希伯来语、希腊语、匈牙利语、意大利语、印地语、印度尼西亚语、英语、越南语、宗卡语、祖鲁语。

实施多语种战略，以 81 种语言将少数民族典籍译介到与中国关系密切的 152 个国家，对于促进我国与这些国家的文化交流，维护国家文化安全，反对西方文化霸权主义，增强文化竞争力和向心力，具有极其重要的

---

① 陈雨露：《加强非通用语专业建设》，《人民日报》2011 年 9 月 19 日第 7 版。

战略意义。

第二节　少数民族典籍翻译策略研究

在探讨少数民族典籍翻译策略之前，我们先从译介史的角度对中西翻译策略作一粗线条的梳理，目的是把以往的翻译策略作为参照，寻绎中华文化"走出去"背景下的少数民族典籍翻译策略。

一　西方传统上以原文为取向的翻译观

历史上较有影响的翻译活动，不论中西，皆与经典翻译有关。"从广义上说，西方最早的译作是公元前三至二世纪之间，七十二名犹太学者在埃及亚历山大城翻译的《圣经（旧约）》，即《七十子希腊文本》。"① 关于圣经"七十子"译本，在西方历来流传着这样一个传说：

> 国王托勒密召集来 72 位学者，将他们分别安置在 72 个房间里，然后告诉他们将《摩西五经》翻译为希腊文。结果，这 72 位学者译出的《摩西五经》一模一样。

虽然是传说，但反映了西方人对待经典的翻译态度。在信奉基督教的西方社会，《圣经》是上帝的话语，具有至高无上的权威，上帝的话语不容更改。所以，出于对原文的敬畏和尊崇，翻译时要跟原文亦步亦趋，保持高度一致。

传统上，西方的翻译活动是由高文化向低文化流动的。古罗马和希腊毗邻，但希腊文化比较发达，有着丰富的文化遗产。从公元前 3 世纪起，罗马人开始大规模地翻译古希腊的典籍。"罗马势力刚刚兴起，希腊文化依然高出一筹，或者说罗马文化才开始进入模仿希腊文化的阶段，希腊的

---

① 谭载喜：《西方翻译简史》，商务印书馆 1991 年版，第 4 页。

作品被罗马的译者奉为至宝，因而在翻译中亦步亦趋，紧随原文，唯一的目的在于传递原文内容，照搬原文风格。"① 大量的希腊文化被罗马帝国所翻译和吸收，成了罗马文化的一部分，对罗马社会的文化繁荣起到了决定性的作用。

欧洲的兴起与文艺复兴运动紧密联系在一起，文艺复兴运动最重要的组成部分之一就是大量的经典的翻译工作。通过大量古希腊、罗马的经典翻译及后续结合时代的研究工作，整个欧洲社会重温和充分吸收古代文明的人性智慧，反思当代社会发展状态并运用翻译成果改造当时的社会，使欧洲社会面貌日新，不断向上。可以说整个欧洲社会的崛起，翻译起到了一定程度的决定性作用。欧洲国家出于对古希腊、罗马典籍的敬仰，几乎都采取逐字译法，即使译者意识到了译文的不雅，仍然以靠近原文的翻译策略为之。德国著名诗人和翻译家塞巴斯蒂安·布兰特（Sebastian Brant）指出译诗应当采用逐字译法，著名人文主义作家约翰·赖希林（Johannes Reuchlin）采用逐字对译法翻译了《蛙鼠之战》和《苦行赎罪诗篇七首》，德西德利乌·伊拉斯谟（Desiderius Erasmus）更是提出要尊重原作的翻译思想②。法国的"翻译之王"雅克·阿米欧（Jacques Amyot）将古希腊、罗马的文学名著《名人传》《埃塞俄比亚传奇》《历史丛书》《达夫尼斯和赫洛亚》《道德论说集》等译为法语，并提出："一个称职的译者的任务，不仅在于忠实地还原作者的意思，还在于在某种程度上模仿和反映他的风格和情调。"③ 同时期的英国译者布罗卡尔（Bullokar）在其所译《伊索寓言》的序言中写道："译者把拉丁文译成英文，没有采用最好的英文表达法，尽管英文完全能清楚表达原意，也有最好的表达方式。这是因为，译者的目的是要使英译文靠近拉丁原文表达法。"④

对待经典的翻译态度，也影响着翻译理论家对翻译操作和翻译标准的认识。1790 年，翻译理论家泰特勒（Tytler）提出著名的翻译三原则：译

---

① 谭载喜：《西方翻译简史》，商务印书馆 1991 年版，第 22 页。
② 同上书，第 73—75 页。
③ 同上书，第 87 页。
④ 同上书，第 93 页。

文应完全复写出原文的思想；译文的风格和笔调应与原文一致；译文应和原文一样流畅①。1959 年，雅各布逊（Jakobson）把翻译分为语内翻译、语际翻译和符际翻译，并指出："在不同的语际中求得等值是语言的主要问题，也是语言学的主要问题。"② 1965 年，卡特福德（Catford）提出："文本等值是指在特定的语境中，译语文本或部分译语文本要与原文文本或部分原文文本等值。"③ 1969 年，奈达（Nida）又提出了动态等值的翻译原则，奈达给动态等值翻译下的定义为："在译语中用最贴切而又最自然的等值语，再现原文的信息，首先是意义，其次是文本。"④ 纽马克（Newmark）于 1981 年提出语义翻译和交际翻译的翻译策略，认为"交际翻译的目的就是，尽可能地在目的语中再现原文读者感受到的同样效果。语义翻译尽可能地翻译第二语言的语义和句法结构和原文的准确语境意义。"⑤ 上述翻译理论家对翻译操作的认识和评判译文的标准，都是以原文为中心的，即以原文为标准来评判译文的优劣。

　　传统上，西方国家出于对高文化、对经典的追崇，翻译实践以及翻译理论家对翻译标准的认识，都是以原文为取向的，要求译文向原文看齐、与原文等值。

二　中国传统上以译文为取向的翻译观

　　中国历史上第一次翻译高潮是佛经翻译。佛教初传来中国时，儒家文化、道家文化占据当时社会文化的主流，是中国封建时期的意识形态，具有不可挑战的权威。在翻译佛经、解释佛经时，译者只好采取"比附""格义"等方法来顺应儒家、道家学说，以避免和当时中国的思想观念、政治主张、伦理道德相冲突，否则佛经不可能在中国得以传播和发展。道

---

① Tytler, A. F., *Essay on the Principles of Translation*, London: Dent, 1790.

② Jakobson, Roman, On Linguistic Aspect of Translation, in Venuti (ed), *The Translation Studies Reader*, New York: Routledge, 2000, p. 113.

③ Catford, J. C., *A Linguistic Theory of Translation*, London: Oxford University Press, 1965, p. 27.

④ Nida, Eugene A., and Charles R. Taber, *The Theory and Practice of Translation*, With Special Reference to Bible Translating, Leiden: E. J. Brill, 1969, p. 12.

⑤ Newmark, Peter, *Approaches to Translation*, Oxford: Pergamon Press, 1981, p. 22.

安把佛教的五戒比附为儒家的五常。安世高用儒家"亲亲"的伦理思想来阐述佛教的"六方"学说。玄奘将佛经里的"妻子"译成"妻妾"，也是为了顺应当时中国的儒家家庭伦理观念。

明末清初的西学翻译仍然采取顺应中国文化的翻译策略。这主要是因为，当时中国人普遍持中国为天下的文化自大心理，轻视、蔑视外来文化。利玛窦对此感触颇深："因为他们不知道地球的大小而又夜郎自大，所以中国人认为所有各国中只有中国值得称慕。就国家的伟大、政治制度和学术的名气而论，他们不仅把所有别的民族看成是野蛮人，而且看成是没有理性的动物。他们看来，世上没有其他地方的国王、朝代或者文化是值得夸耀的。"①

因为当时中国传统文化对外来文化的抗拒，西学翻译只能采取比附、格义的翻译手段向中国文化靠拢。美国传教士裨治文（Elijah C. Bridgman）（亦自称高理文）翻译的《美理哥合省国志略》中，将美国最高法院译作"京察院"、地方法院译作"巡抚法院"、总统译作"正统领"、副总统译作"副统领"、选举委员会主席译作"礼部尚书"、国会议员译作"臣"。裨治文还以中国的纲常名教来描述美国的礼仪风俗："导以礼义，教以诗书，使人人皆知敬畏天皇上帝，而忠以事君，孝以事亲，弟悌以事上，信以处友，和以睦众，义以训子，各尽其道，各守其分。"② 这说明传教士的西学翻译，是向中国文化靠拢的。

甲午战争惨败，当时的中国人受到巨大的心理刺激，面对严重的民族危机，国人开始觉醒和反省，思想观念开始发生变化。中国先进的知识分子开始试图从西方的思想资源中寻找救亡图存的良策。人们在接受、宣传和介绍西方理论、学说时，往往以是否对国家富强和救亡图存有利为标准来进行选择和取舍。译者对待翻译的态度依然没有发生变化，仍然是以中国文化为取向，以满足中国社会文化的需求为准则来改写译文。

甲午战争后，严复痛惜中国的困境，希望变革社会。他认为中国的危

① ［美］利玛窦、金尼阁：《利玛窦中国札记》，何高济、王遵仲、李申译，中华书局1983年版，第181页。

② 近代史资料编辑部：《近代史资料（总92号）》，中国社会科学出版社1997年版，第69页。

机不在于外国的欺凌，而在于开民智。为此严复"屏弃万缘，惟以译书自课"①。严复的《天演论》译自英国生物学家赫胥黎的论文集 *Evolution and Ethics*（《进化与伦理》）。严复选译了其中的前两篇，改名为《天演论》。《进化与伦理》的前半部分主要阐述的是生物进化思想，后半部分阐述的是自然界弱肉强食没有什么道德可言，而人类属于高级动物，可以互助互爱，即人类伦理不同于自然法则。严复在《天演论》中把达尔文的生物进化论思想、英国社会学家斯宾塞的社会达尔文主义思想、赫胥黎的进化论思想和严复本人的伦理思想全部融合在一起，把物竞天择的学说从生物引申到人类，认为这种自然界的生物进化规律也是人类社会的发展规律。严复翻译的《天演论》，译文完全偏离了原文的内容，偏离了原作者的观点，目的是让《天演论》作为阐发进化、斗争思想的载体。在中国面临亡国灭种的危险时刻，严复认为必须"与天争胜""任人为治"，以"人为淘汰"来避免"自然淘汰"，从而使国家不亡，种族不灭。吴汝纶在《天演论》序中也提道："抑执事之译此书，盖伤吾土之不竞，惧炎黄数千年之种族，将无以自存，而惕惕焉欲进以人治也。本执事忠愤所发，特借赫胥黎之书，用为主义谲谏之资而已。"②《天演论》的确达到了严复的目的，产生了巨大的社会影响。"《天演论》出版之后，不上几年，便风行到全国，竟做了中学生的读物了——读这书的人，很少能了解赫胥黎在科学史上和思想史上的贡献。他们所能了解的只是那'优胜劣败'的公式在国际政治上的意义。在中国屡次战败之后，在庚子辛丑大耻辱之后，这个'优胜劣败，适者生存'的公式，确是一种当头棒喝，给了无数人绝大的刺激。几年之中，这种思想像野火一样，燃烧着许多少年人的心和血。"③

自严复在《天演论》"译例言"中提出"译事三难：信、达、雅"以来，我国翻译界和出版行业已将之作为评判译文优劣的标准。事实上，这是后人对严复所言"信达雅"的误读（但这并不影响我们以误读的

① 王栻：《严复集》，中华书局1986年版，第525页。
② 同上书，第1560页。
③ 胡适：《四十自述》，台湾远东图书公司1974年版，第99页。

"信达雅"来评判和检验译文)。在"译例言"中,严复全面地表述了自己提出"信达雅"的理论渊源:"《易》曰:修辞立诚。子曰:辞达而已。又曰:言之无文,行之不远。三者乃文章正轨,亦即为译事楷模。故信、达而外,求其尔雅。此不仅期以行远已耳,实则精理微言,用汉以前字法、句法,则为达易;用近世利俗文字,则求达难。"在严复看来,"修辞立诚"谓之"信"。"修辞立诚"取自《易经》,意为"写文章要表达出自己内心诚挚的情感"。严复受桐城派的影响较深,他对"达"阐述得很清楚,写文章用汉代以前的字法、句法,即为"达"。"雅"为"尔雅"的减略,"尔"意为"近","雅"意为"正",也就是说,写文章要接近文章的标准、规范。由此来看,严复提出的"信达雅",是对译文提出的"文章学"标准,而根本不关乎原文和由原文到译文的翻译转换过程。这也可以解释,为什么严复提出"信达雅"的翻译标准,而他自己又完全不按"信达雅"的标准去执行这种看似奇怪的现象。我们同样也可以理解傅斯年对严复的翻译持批评态度的原因了。傅斯年在《新潮》杂志一卷三号上发表的《译书感言》中批评严复:"严几道先生译的书中,《天演论》和《法意》最糟。假使赫胥黎和孟德斯鸠晚死几年,学会了中文,看看他原书的译文,定要在法庭起诉,不然也要登报声明。这都因为严先生不曾对于作者负责任。他只对于自己负责任。"① 傅斯年以原文为标准来评判严复的翻译,但严复的翻译活动和对翻译的认识,是以译文为取向的。严复的翻译以顺应中国主流意识形态、服务于社会文化规范的准则来改写、操纵原文。

　　新文化运动以前,以儒家思想为主导的传统意识形态在中国根基深厚,国人普遍具有文化自大心态,往往拒斥、贬损外来文化,翻译进来的外国文献和典籍只能顺应中国传统社会文化,形成以译文为取向的翻译观。

三　现代中西方对待翻译的态度

　　五四新文化运动之前,中国人主要把民主、科学作为一种实现国家富

---

① 傅斯年:《译书感言》,载中国翻译工作者协会、《翻译通讯》编辑部编《翻译研究论文集(1894—1948)》,外语教学与研究出版社 1984 年版,第 60 页。

强和救亡图存的工具或手段来加以追求，影响了对西方思想、学说的完整理解和接纳。五四新文化运动期间，中国人开始将民主、科学作为新文化的核心观念或基本价值观加以追求和推崇。这极大地促进了人们的思想解放，形成了知识分子改造国民性的高潮。

五四新文化运动期间，中国知识分子逐渐形成一种共识，即努力改变人们的思想观念，把人们从以往种种专制的、宗法的、家族的观念束缚中解放出来，积极从事翻译和介绍西方的新思想、新学术、新观念、新文学、新信仰。

鲁迅抱着改造国民性和改造中国社会的责任感，指出国民性的根本缺失在于"不撄人心"，即国民处于愚昧无知、麻木不仁和自私状态之中。鲁迅认为解决国民性的问题要靠"拿来主义"，主张主动学习、借鉴西方文化，来充实自己的文化，以西方民族的国民性为参照，打破"不撄人心"的价值认同观，重铸民族精神。鲁迅的这种主张，自然体现在了其翻译观和翻译实践中。

鲁迅从中国古典语言与落后的民族文化心理、模糊的民族思维模式以及由此产生的落后现象着眼，把语言变革视为改造中国民族文化心理以及政治制度和道德秩序的内在要求，把语言变革的重要性与彻底性视为中国社会文化改造的关键问题之一。鲁迅认为："中国的文或话，法子实在太不精密了，作文的秘诀，是在避去熟字，删掉虚字，就是好文章，讲话的时候，也时时要辞不达意，这就是话不够用，所以教员讲书，也必须借助于粉笔。"① 鲁迅认为改革中国语文的最佳捷径莫过于通过"直译""硬译"的翻译策略直接引进西方的表达方式，从而达到引进全新的感知方式和思维方式的目的。鲁迅的翻译观是把翻译作为一种工具，通过翻译原原本本地引进外来文化，来建立一种新文化，通过翻译帮助中国人改造社会和改造自身。鲁迅旨在通过翻译唤醒尚在沉睡中的国人，促使中华民族的反省和觉醒，改造国民的劣根性，从而让国人觉悟和产生做人的追求。

在这期间，中国人对待翻译的态度发生了改变，不再以中国文化为取

---

① 鲁迅：《鲁迅全集》第 4 卷，人民文学出版社 1981 年版，第 382 页。

向来操纵译文。钱玄同在《新青年》上曾撰文谈对待翻译西学著作的态度："无论译什么书，都是要把他国的思想学术输到己国来；决不是拿己国的思想学术做个标准，别国与此相合的，就称赞一番，不相合的，就痛骂一番；这是很容易明白的道理。中国的思想学术，事事都落人后；翻译外国书籍，碰着与国人思想见解不相合的，更该虚心去研究，决不可妄自尊大，动不动说别人国里道德不好。"[①] 钱玄同认为中国文化落后于西方，应该通过翻译将西学著作输入到中国，翻译是一种向西方文化学习的重要手段。

五四新文化运动时期的翻译观已是以原文为取向了，在对具体的翻译策略的认识上，表现为倾向于采取直译的方法。如傅斯年认为："思想受语言的支配，犹之乎语言变思想。作者的思想，必不能脱离作者的语言而独立。我们想存留作者的思想，必须存留作者的语法：若果另换一副腔调，定不是作者的思想。所以直译一种办法，是'存真'的必由之路。"[②] 这个时期知识分子们所讨论的直译，是对五四新文化运动以前译者所采取的偏离原文、以译文为取向操作翻译活动的一种反拨。如茅盾所言："'五四'以后的'直译'主张就是反对歪曲了原文。原文是一个什么面目，就要还它一个什么面目。"[③] 也即"直译"的意义就是"不要歪曲了原文的面目"。

自五四新文化运动起，不论是对翻译活动的认识，还是翻译实践，都转向了原文取向的翻译观。郭沫若在谈翻译的标准时，提出："我们相信理想的翻译对于原文的字句，对于原文的意义，自然不许走转，而对于原文的气韵尤其不许走转。"[④] 郭沫若对译文的评判标准是以原文为依据的。林语堂在谈译者的责任时，指出："第一是译者对原著者的责任。"[⑤] 也就

---

① 钱玄同：《附志》，《新青年》1918 年第 4 卷第 2 号。
② 傅斯年：《译书感言》，《新潮》1919 年第 1 卷第 3 号。
③ 茅盾：《直译·顺译·歪译》，《翻译论集》（修订本），罗新璋、陈应年编，商务印书馆 2009 年版，第 424 页。
④ 郭沫若：《理想的翻译之我见》，《翻译论集》（修订本），罗新璋、陈应年编，商务印书馆 2009 年版，第 402 页。
⑤ 林语堂：《论翻译》，《翻译论集》（修订本），罗新璋、陈应年编，商务印书馆 2009 年版，第 492—493 页。

是说，译者要尊重原作者，在译文中不能随意改动原作者的劳动成果。1944年，刘重德应重庆正风出版社邀请，翻译了简·奥斯汀的《爱玛》。后来，刘重德回顾这次翻译经历时，曾谈道："初译《爱玛》时，头脑里原则上只有这么一个概念：自己是在翻译别人的作品，一切应以原文为本，不能任意增删。"① 这说明中国译者对翻译活动的认识已趋于理性，已形成了尊重原作、原作者的文化自觉。

为了让译文读者了解西方文化，译者在翻译实践活动中，除了忠实于原文之外，还往往在译文中添加大量的注释。以许君远1955年所译狄更斯著《老古玩店》为例，译者许君远对原文中所涉及的地名、场所名称、食品饮料、机构名称、俗语、谚语、典故、西方文学作品及作家常识、历史知识、希腊神话人物、节日、宗教习俗、货币单位及换算等关于西方文化要素的信息作了较详细注释。仅在译文第24页，译者就添加了三处注释：

①威斯明斯特（Westminster）和伊顿（Eton），全在伦敦，两校历史都很悠久，都是贵族学校，许多英国名流都在这里读过书。

②皇家学会（Royal Society），英国的最高学术研究机关，成立于一六六二年。

③牙买加蔗酒（Jamaica rum），一种甜酒。牙买加在中美西印度群岛，英国属土，盛产甘蔗。②

在20世纪50年代，由于中西方各方面的隔阂，中国普通读者不熟悉西方文化常识，如果不在中译本中添加适当的注释，读者就会对中译本产生很大的陌生感。译者添加注释的目的是传播原作所体现的西方文化。

国内出版社也转向对原作的重视，已不大可能接受不忠实于原作的译

①　刘重德：《〈爱玛〉翻译与修订过程中的甘苦》，杨绛等著《一本书和一个世界》，昆仑出版社2005年版，第14页。

②　［英］狄更斯：《老古玩店》，许君远译，上海远东出版社1955年版，第24页。

文。孙致礼曾经指出："中国的几家大翻译出版社都订了一个双'经'审稿标准：一是经得起读，二是经得起对。"① 也即译文要流畅，并忠实于原作。

进入新世纪以来，随着跨国交流活动的频繁发生，翻译产业也迅速发展起来。为了规范翻译产业的发展，我国从 2003 年起陆续颁布了翻译服务相关的国家标准。2003 年颁布的《翻译服务规范第一部分：笔译》规定："不得误译、缺译、漏译、跳译。"② 2005 年颁布的《翻译服务译文质量要求》规定："忠实原文：完整、准确地表达原文信息，无核心语义差错。"③ 从国家标准层面上以忠实于原文来对翻译质量及翻译标准加以规范，既符合翻译的本质特点，又对翻译行业是一种引领。

相反，当今英语国家的文化霸权及其与世界其他国家之间文化交流的不平等，使得归化（domesticating）翻译在英语国家仍然占据主导地位，这种翻译策略必然导致对外来文化要素的扭曲、误解、变形、删节等。美国汉学家葛浩文（Howard Goldblatt）是目前英文世界地位最高的中国文学翻译家。他翻译了包括萧红、陈若曦、白先勇、李昂、张洁、杨绛、冯骥才、古华、贾平凹、李锐、刘恒、苏童、老鬼、王朔、莫言、刘震云、虹影、阿来、朱天文、朱天心、姜戎等二十多位名家的五十多部作品。有研究者研究了葛浩文翻译的《狼图腾》，发现"原作每章开头具有哲学意义的题记被译者删除；原作中具有意识形态含义的表述，被省译；具有浓郁中国文化特色的信息不译或意译；原作人物的一些心理活动和联想被大段省略；枝节性的细节被省略；一些英语读者感觉奇异的比喻被省略；代表中国独特社会文化现象的词语被普通词汇所替代"④。西方译者表面上是对中国原作文字的删改，其背后暴露出来的是对中国文化的不尊重，对中国文化主权的践踏。

---

① 孙致礼：《翻译应该尽量"求真"》，《中国翻译》2005 年第 2 期。
② GB/T19363.1—2003，翻译服务规范第一部分：笔译。
③ GB/T19682—2005，翻译服务译文质量要求。
④ 王建开：《葛浩文英译实践和经验对中国文学对外传播的启示》，王宏主编《翻译研究新思路——2012 年全国翻译高层研讨会论文集》，国防工业出版社 2013 年版，第 158 页。

当代著名翻译理论家劳伦斯·韦努蒂（Lawrence Venuti）将当今英美文化中译者的翻译活动称为"隐形"（invisibility）。译者为了使译文读起来通顺，对原文的用词、文体特征、句法、文化要素等加以改写，采用不忠实于原文的词汇、用法、语义。这些惯常的表达、连贯的句法、明确的语义使得译文清晰易懂、"透明"，"给外语文本刻上了英语价值观的印迹"①。如韦努蒂所言："译者的隐性彰显出英美文化在与文化他者关系中的一种自满情绪，这种自满情绪，可以毫不夸张地说，在外表现为帝国主义，在内表现为排外主义。"② 对英语国家的文化霸权及其与其他国家之间不平等的文化交流，我们必须持清醒的反对态度。有必要通过翻译策略的改变来对西方文化霸权进行战略性干预。

四 少数民族典籍翻译策略

国外汉学家采取归化式翻译策略翻译的少数民族典籍，虽然进入了英语世界，但中华文化被大大屏蔽了，这与中华文化"走出去"的目标是相悖的。在中国文化"走出去"战略背景下，应从国家利益出发，注重走出去的效果。对外译介少数民族典籍，应以我为主，采取异化（foreignizing）的翻译策略对外传播中华文化。

1. 译本"还原"少数民族文化要素

很多中华文化要素具有独特的文化蕴含，几乎与西方文化具有不可通约性。如《尘埃落定》中的"土司"，是我国元、明、清中央政府封授给西北、西南地区的少数民族部族首领的世袭官职。葛浩文将"土司"译为"chieftain"。在英语文化中，"chieftain"意为"the leader or head of a group, especially of a clan or tribe"，即"一群人（尤其是宗族或部落）的领袖或头领"。由此可看出"土司"与"chieftain"的文化蕴含是不同的。将"土司"译为"chieftain"，英语读者完全不能接收到中华文化所传达的信息。对"土司"一词的翻译，可以采取"译注"的方法，将"土

---

① Venuti, Lawrence, *The Translator's Invisibility—A History of Translation*，上海外语教育出版社2004年版，第15页。

② 同上书，第17页。

司"所负载的文化信息还原到译本之中，以注解的形式向外语读者传达。

此外，表面上看似等值（equivalence）的语言现象，其背后的文化含义往往迥异。比如，"火"在彝族文化中具有极其崇高的地位。彝族主要居住在高寒山区，早晚温差大，日常生活中对火的依赖性很强。过去彝族人一般都围着火塘而眠，火塘里的火始终燃烧着。火既做取暖用，也做煮食用，同时也是晚上照明的唯一光源。彝族人崇尚火，对火的崇拜始终贯穿于生产生活的各个方面。火在彝族人眼里是神圣的。彝族谚语有"汉人敬官，彝人敬火"的说法。彝族人生下来就在火塘边上命名，长大后在火塘边议定婚事，死后进行火葬，彝族民间的各类宗教仪式也大多借助火进行和完成。彝族很多叙事长诗中都有"火"这一文化因子，如《勒俄特依》中的描写："远古的时候，天庭祖灵掉下来，掉在恩杰杰列山，变成烈火在燃烧，九天烧到晚，九夜烧到亮，白天成烟柱，晚上成巨光。天是这样燃，地是这样烧，为了人类起源燃，为了祖先诞生烧。"如果将彝族诗歌中的"火"仅仅机械地译作"fire"或"flame"，则完全屏蔽了"火"对于彝族人民的文化人类学意义。为了让外国读者获得与本民族读者大致相同的文化感受，在译文中应首先把彝族文化中关于"火"的文化背景知识以译注的形式向译入语读者作较详细的介绍，在译本中还原少数民族文化背景信息。

2. 本民族译者应有文化担当

中华文化博大精深，吸引着世界各国对中国文化的诉求。到目前为止，将我国少数民族典籍译介到外国的主体不是中国人，而是国外的汉学家们。在推动中国文化"走出去"的今天，我国亦有学者赞同由国外的汉学家们来主导中华文化的对外传播。如胡安江曾撰文指出："汉学家译者模式以及归化式翻译策略理应成为翻译界在中国文学走出去战略中的共识。"① 耿强亦认为："吸引国外译者及出版社参与译介中国文学，才能使译本符合异域的诗学标准、意识形态及阅读习惯。"② 对此我们不敢苟同。如上

---

① 胡安江：《中国文学"走出去"之译者模式及翻译策略研究——以美国汉学家葛浩文为例》，《中国翻译》2010 年第 6 期。

② 耿强：《文学译介与中国文学"走出去"》，《解放军外国语学院学报》2010 年第 3 期。

所分析，国外汉学家或译者的翻译固然符合西方读者的阅读趣味，但他们对我国少数民族典籍的翻译会出现文化偏差。虽然在文本形式上，我们的少数民族典籍披上外语的外衣走出去了，但中华文化却在很大程度上被屏蔽了，不利于中华文化的对外传播，这有悖中华文化"走出去"战略的宗旨。

对外译介少数民族典籍，不应过多地依靠外国译者。向外传播民族文化应依靠中国译者，尤其是本民族译者，或采取"民汉"合作的翻译模式。我国有些少数民族没有本民族文字，这些少数民族典籍只能用汉字记载，在由少数民族语言转换为汉字的过程中，也会发生某些少数民族文化因素被改写、删节、扭曲、变形的现象；还有些少数民族尽管有本民族文字，有用本民族文字记载的典籍留世，但现实情况是，译者往往不是来自本民族，不懂少数民族语言、文字，翻译依据的是汉语版本，这又不可避免地增加了外语译本与少数民族典籍之间的更大隔阂。本民族译者对于理解本民族典籍有着天然的优势，对外译介少数民族典籍的重任应该由少数民族译者来承担。即便对于以汉语版本留存的少数民族典籍，本民族译者对隐含在典籍字里行间的民族文化信息的理解和把握也具有得天独厚的优势。现状是，由于我国少数民族地区基础教育仍然较薄弱，导致很多少数民族人才尚不能胜任对外译介少数民族典籍的任务。在这种现状下，可以采取"民汉"合作的翻译模式，即由深谙本民族语言文化的少数民族学者与翻译水平较高的汉语译者合作翻译少数民族典籍，少数民族学者负责民族文化信息的挖掘和还原，译者负责语言转换。这样才能更准确地向外传播中华民族文化，增强中华文化的国际竞争力。

中国译者的翻译可能在某种程度上不符合译入语的阅读习惯，但这正是中国思维方式在译作中的体现。通过翻译让外国人了解中华民族文化，了解中国思维方式，加强融通与互识，正是少数民族典籍"走出去"的目的之所在。

3. 树立跨文化认知意识，尊重他者文化

中国译者作为少数民族典籍翻译的主体，可以很好地避免本族文化误读，较准确地向外传播中华文化。但同时中国本土译者还应具备跨文化认知意识，尊重他者文化，避免译入语误读，以实现顺利传播的目标。

不同的文化对同一事物的认知视角或认知框架往往不一致。如果译者没有跨文化认知意识，一味地按照自己的主观理解，想当然地翻译，往往会给译入语读者带来阅读障碍。如，对泉水出水口的命名机制，汉语是以人体器官"眼"来映射泉水的出水口，命名为"泉眼"；藏语、维吾尔语、哈萨克语是以人体器官"头"来映射泉水的出水口，命名为"泉头"；英语文化中则是以"嘴巴"来映射泉水的出水口，命名为"泉嘴"（spring mouth）。再如彝族史诗《阿诗玛》中的诗句"拉弓如满月，箭起飞鸟落。"彝族文化将弓拉弯的程度投射到"满月"（full moon）上，但英语文化正好相反，将弓拉弯的程度投射到"弯月"（curved moon）上。因此，将《阿诗玛》中的诗句"拉弓如满月，箭起飞鸟落"译为英语时，须符合译入语的认知习惯，将"满月"的形状转换为"弯月"的形状，译作"When in the chase he bent his bow; His guarry always fell."尊重他者文化，就能拉近双方的心理距离，赢得他者对我国文化更好的尊重。

对少数民族典籍"走出去"，不应采取阶段性的、激进的措施或手段，而应有耐心和恒心。通过翻译让外国读者逐步熟悉、接纳进而喜欢我国民族文化和民族思维方式。这样，我国在国际上的国家形象就会逐渐得以提升。

第三节　少数民族翻译人才培养探索

随着我国对外开放进入新阶段，中华文化"走出去"越来越迫切。高层次翻译人才短缺在某种程度上成为制约中华文化"走出去"的瓶颈。中国翻译协会副会长兼秘书长黄友义在谈中华文化"走出去"时曾一针见血地指出："沉淀了五千年的中华文化不应只属于中国，翻译人才的奇缺是要解决的突出问题。"① 文化竞争，归根到底是人的竞争。没有翻译人才培养做根底，文化走出去只能是空谈。国家有关部门也意识到了培养高层次、应用型、专业化翻译人才的迫切性和重要性。国务院学位委员会于 2007 年批准设置翻译硕士专业学位（MTI），目的即为培养高水平翻译人才。截至 2014 年 7 月，获准试办翻译硕士专业的高校已达 206 所。

如上节所述，少数民族译者对于理解本民族典籍有着天然的优势，是我国民族文化工作的重要生产力。高层次少数民族翻译人才的稀缺制约了少数民族地区社会、文化、经济活动的"引进来"和"走出去"。为了准确地对外传播优秀的少数民族文化，应大力培养高层次少数民族翻译人才。民族院校是我国设立的专门培养少数民族高素质人才的基地。接下来，我们拟对民族院校设置翻译硕士专业学位（MTI）的现状作一调查，以进一步分析所存在的问题，并提出针对性的应对方案。

目前，我国共约有 22 所民族院校，其中国家民族事务委员会直属院校六所，它们是中央民族大学、中南民族大学、西南民族大学、西北民族大学、北方民族大学和大连民族学院；地方民族院校约 16 所，它们是广西民族大学、云南民族大学、贵州民族大学、湖北民族学院、西藏民族学院、青海民族大学、内蒙古民族大学、四川民族学院、呼和浩特民族学院、甘肃民族师范学院、广西民族师范学院、河北民族师范学院、黔南民族师范学院、兴义民族师范学院、右江民族医学院等。

这些民族院校中，仅有中南民族大学、西南民族大学、广西民族大学和云南民族大学四所院校设有翻译硕士专业学位（MTI）专业。其中中南民族大学、广西民族大学、云南民族大学于 2011 年开始招生，西南民族大学于 2014 年申办，2015 年开始招生。这四所院校试办的翻译硕士专业学位（MTI）专业均只为英语笔译、英语口译方向。专业覆盖面较窄，未能将其他外语语种纳入。

有些民族院校因师资力量较薄弱，尚不具体申报翻译硕士专业学位

---

① 段祖贤、舒芳静：《文学中译西已成一道坎?》，《人民日报海外版》2009 年 12 月 17 日第 7 版。

（MTI）专业的能力。但有的民族院校在师资力量、办学条件等方面完全具备了申报条件，由于对少数民族人才培养方面的思路未能与国家战略及时有效地对接，未给予足够的重视，尚未申办翻译硕士专业学位（MTI）专业。

当前，我国所有的高校都可以培养少数民族人才，并且国家教育部民族教育司于2005年还制定了《培养少数民族高层次骨干人才计划的实施方案》，委托国家部委所属重点高等学校、有关科研院（所）和地方院校共127所共同承担和组织实施少数民族硕士研究生和博士研究生的招生、培养工作。该方案规定按照"定向招生、定向培养、定向就业"的要求，采取"自愿报考、统一考试、适当降分、单独统一划线"等特殊措施招收学生。招生规模由2006年的2500人，其中硕士生2000人，博士生500人，逐年递增至2010年的5000人，其中硕士生4000人，博士生1000人。2010年以后，每年的招生计划稳定在5000人。

非民族院校也可以培养少数民族人才，那么民族院校存在的必要性何在？民族院校的办学宗旨是为少数民族和民族地区服务，有和少数民族、少数民族文化和少数民族地区结合更紧密的学科专业、课程设置和人才培养方式，这是非民族院校所不具备的。但是通过调查我们发现，在仅有的试办翻译硕士专业学位（MTI）专业的四所民族院校中，有的民族院校在翻译人才培养目标、课程设置方面却没有表现出民族院校应有的特点，趋于与非民族院校一致。如，某民族院校翻译硕士专业学位研究生培养方案中的培养目标为："培养具有扎实的英汉语言基础和广泛的社会文化知识的高层次、应用型口笔译专门人才，使其能够在外事、外贸、文化、旅游等方面从事口笔译工作，以促进中国和英语国家之间的文化、经济和科技等领域的交流。"这一培养目标显然未体现出民族院校应有的培养少数民族人才的特色和办学宗旨。

该校翻译硕士专业学位（MTI）课程设置为：必修课，包括政治理论、中国语言文化、翻译概论、基础笔译（基础口译）、文学翻译（交替传译）、科学翻译（同声传译）；选修课，包括第二外国语、英汉对比与翻译、英语演讲与辩论、高级英语视听说、经贸翻译、计算机辅助翻译、视译、旅游翻译、笔译工作坊、商务翻译、口译工作坊等。这些课程只是一些通识性的翻译课程和语言文化基础课程，没有与少数民族文化、文学、典籍、文献、医药、科技等方面形成有效的对接，也没有体现出民族院校应有的培养少数民族人才的特色和办学宗旨。这不利于高层次少数民族翻译人才的有效培养。

西南民族大学在 2014 年申报翻译硕士专业学位（MTI）专业时，经过广泛的讨论，集思广益，最后形成了培养高层次少数民族翻译人才的清晰思路。在申报报告中，明确提出该校申办翻译硕士专业学位（MTI）专业的必要性：

1. 它是实施西部大开发战略，提高西部地区对外开放水平的迫切需要

实施西部大开发战略是实现共同富裕、加强民族团结、保持社会稳定和边疆安全的战略举措。西部大开发战略实施以来，西部地区主要经济指标增速自 2007 年起连续 6 年高于全国平均水平。

西部地区与周边 14 个国家和地区接壤，周边国家与我国产业互补性强，合作空间广阔。培养高层次翻译人才对于国家加大向西开放力度，稳步推进丝绸之路经济带和孟中印缅、中巴经济走廊建设，推动与周边国家政策沟通、贸易畅通、民心相通，具有重要意义。

随着西部地区经济社会的发展，其对外交流与合作的范围将进一步扩大，需要大量的高层次翻译人才为西部地区的经济社会发展和对外交流服务。培养高层次翻译人才是实施西部大开发战略，提高西部地区对外开放水平的迫切需要。

2. 它是维护民族团结、边疆稳定的战略需要

西部地区是我国少数民族分布最集中的地区，占全国少数民族人口的 70.5%，5 个民族自治区全部在西部地区。目前急需将我国的民族政策、民族地区的社会经济文化发展的现状真实地、客观地向外译介，这对于维护民族团结、边疆稳定和国家安全，提升国家形象，增强国家软实力，具有重大的战略意义。同时，少数民族地区也需要通

过翻译及时引进政治、经济、文化、科技、医学等方面的新资讯、新知识，推动少数民族地区经济文化的发展。民族地区社会经济文化的发展需要大量高层次的翻译人才。

在此思想指导下，该校制定的翻译硕士专业学位（MTI）专业培养目标为："培养德、智、体全面发展，适应国家发展战略和提升国际竞争力需要、满足国家特别是民族地区经济、文化、社会建设需要的，具备国际化视野和跨文化交际能力的高层次、应用型、专业性口笔译人才。"这一培养目标与该校"为少数民族和民族地区服务，为国家发展战略服务"的办学宗旨是一致的。

该校翻译硕士专业学位（MTI）课程设置为：必修课，包括中国特色社会主义理论与实践、中国语言文化、翻译概论、笔译基础、口译基础、英语阅读与写作、文学翻译（交替传译）、非文学翻译（同声传译）；选修课，包括民族事务翻译（民族事务口译）、少数民族文化、翻译批评、跨文化交际与翻译、笔译工作坊（口译工作坊）、经贸翻译、科技翻译、计算机辅助翻译、外宣翻译、第二外语、会展口译、模拟会议传译、商务口译、视译、研究方法与学术论文写作等。并且该校翻译硕士专业学位（MTI）培养方案中还特别突出"民族事务口笔译课程群"建设方案：

　　　　利用我校英语学科优势，依托我校民族学、藏学、彝学等民族语言文化优势学科资源，坚持翻译与民族文化和民族事务有机结合，课程中突出有关少数民族文化、经济、社会活动等方面的语料，凸显我校翻译专业硕士研究生培养的自身特色及服务于民族地区经济文化事业发展的理念。培养能满足全球化背景下跨语言民族事务口笔译活动要求，熟悉中外民族事务体系和规范、熟悉语言背后的文化、经济、思维模式，具备相关翻译技能，能适应政府、民族事务机构及企事业单位需求的民族事务专业口笔译员。

这种课程设置，较好地将翻译技能培养与民族事务知识结合起来，这样培养出来的少数民族翻译人才，能够胜任民族事务翻译工作，能更好地服务于我国民族文化的对外传播。

以上是我们在现有的学科建制内对培养高层次少数民族翻译人才的讨论。将翻译硕士专业学位（MTI）课程结合少数民族文化、文学、文献、典籍、民族事务翻译等方面的内容，对少数民族翻译人才进行复合式培养，会有效推动包括少数民族典籍在内的少数民族文化译介工作的开展。但如果我们把思路跳出少数民族典籍翻译这一中心话题，我们会发现，设在外语学科建制下的翻译硕士专业学位（MTI），即便以复合式课程培养翻译人才，只能做到人文知识的复合，不可能做到理、工、农、医等相关学科知识的复合。

外语专业学科边界下的翻译人才培养，导致翻译活动中所需相关理、工、农、医等专业知识的必然缺失。清华大学历史系教授何兆武曾一针见血地指出："没有专业知识，翻译出的东西可能就会错误百出。做学术翻译，最好是由研究某个领域的来做该领域的翻译，比较能保证不出错误。"① 国际译联主席贝蒂·科恩在中国译协第五届全国理事会会议开幕式上的致辞中曾谈道："翻译必须专业化，这样才能确保翻译的质量。"② 翻译要专业化，首先要做到翻译人才培养专业化。"加大对翻译人才的培养力度，让翻译人才走向专业化，已经成为翻译界亟待解决的问题。"③ 要培养专业化的少数民族翻译人才，必须走复合式培养的模式，对少数民族翻译人才实行多元化的、真正意义上跨学科的复合式培养，从增强国家文化竞争力的高度来思考如何培养少数民族翻译人才。

因为专业的不可通约性，要对少数民族翻译人才进行专业化、复合式培养，则必须突破外语专业的学科界线。将专业化少数民族翻译人才的培养从目前的外语专业中解放出来，把专业化翻译人才的培养置于各相关学科专业之中。对专业化少数民族翻译人才的培养，结合其所在民族院校的

---

① 李存娜：《翻译为学术提供巨人的肩膀——访清华大学历史系教授何兆武先生》，《中国社会科学报》2011 年 12 月 20 日第 5 版。

② 中国翻译协会：《中国翻译年鉴 2005—2006》，外文出版社 2007 年版，第 842 页。

③ 朱海滔：《翻译人才亟待专业化》，《中国劳动保障报》2011 年 6 月 4 日第 3 版。

特色、特长专业，培养既有专业特长，又有出色翻译能力的高端翻译人才。如中南民族大学的民族药学是优势学科，该校拥有药学院、生物医学工程学院、民族药物神经药理实验室、民族药物研发中心，以中南地区的壮、土家、傣、苗、瑶、畲族等民族医药为主要研究对象，重在培养民族医药研究和民族医药人才。翻译硕士专业学位（MTI）就可以与民族药学相结合，设立"民族药学翻译硕士专业学位（MTI）"。西南民族大学青藏高原研究院是该校"一体两翼"发展战略中的重要组成部分，拥有青藏高原生态畜牧业协同创新中心（四川省 2011 协同创新中心）、青藏高原动物遗传资源保护与利用四川省重点实验室、四川省青藏高原草食家畜工程研究技术中心、西南民族大学牦牛研究中心等多个基础、应用基础研究平台。翻译硕士专业学位（MTI）就可以与青藏高原研究相结合，设立"青藏高原研究翻译硕士专业学位（MTI）"。采取"专业 + 翻译核心课程"的复合式培养模式。将 MTI 与所在高校的特色、特长专业相结合，培养既有专业特长，又有出色翻译能力的高端少数民族人才。

要真正解决中华文化对外输出问题，首要的是解决翻译问题。只有解决了翻译问题，中华文化才能真正实现由"走出去"到"走进去"，才能增强中华文化的国际竞争力。

参考文献

Catford, J. C., *A Linguistic Theory of Translation*. London：Oxford University Press，1965.

Jakobson, Roman, On Linguistic Aspect of Translation, in Venuti（ed）, *The Translation Studies Reader*, New York：Routledge, 2000.

Newmark, Peter, *Approaches to Translation*, Oxford：Pergamon Press, 1981.

Nida, Eugene A., and Charles R. Taber. *The Theory and Practice of Translation, With Special Reference to Bible Translating*. Leiden：E. J. Brill, 1969.

Tytler, A. F., *Essay on the Principles of Translation*, London：Dent, 1790.

Venuti, Lawrence, *The Translator's Invisibility—A History of Translation*. 上海外语教育出版社 2004 年版。

阿图、徐国琼、解世毅翻译整理：《格萨尔（加岭传奇之部）》，中国民间文艺出版社 1984 年版。

安建均等编：《裕固族民间文学作品选》，民族出版社 1984 年版。

白寿彝：《评〈中国回教史之研究〉》，白寿彝主编《民族宗教论集》，河北教育出版社 2001 年版。

白祖额收集，段贶乐汉文翻译：《哈尼族四季生产调》，云南民族出版社

1988 年版。

包玉堂等编：《仫佬族民间故事选》，上海文艺出版社 1988 年版。

宝音和西格、托·巴达玛搜集整理：《江格尔》，尔查译，新疆人民出版社 1988 年版。

彼得·圣吉：《第五项修炼》，郭进隆译，上海三联书店 1999 年版。

陈雨露：《加强非通用语专业建设》，《人民日报》2011 年 9 月 19 日第 7 版。

狄更斯：《老古玩店》，许君远译，上海远东出版社 1955 年版。

冯元蔚整理翻译：《勒俄特依：彝族古典长诗》，四川民族出版社 1986 年版。

傅斯年：《译书感言》，载中国翻译工作者协会、《翻译通讯》编辑部编《翻译研究论文集（1894—1948)》，外语教学与研究出版社 1984 年版。

富育光讲述，荆文礼整理：《天宫大战西林安班玛法》，吉林人民出版社 2007 年版。

富育光讲述，王慧新记录整理：《雪妃娘娘和包鲁嘎汗》，吉林人民出版社 2007 年版。

高文德：《中国少数民族史大辞典》，吉林教育出版社 1995 年版。

耿强：《文学译介与中国文学"走出去"》，《解放军外国语学院学报》2010 年第 3 期。

耿世民等编：《乌古斯可汗的传说》，民族出版社 1980 年版。

管兴才创作、佘土肯译：《西迁之歌》，《民族文汇》2012 年第 6 期。

贵州省安顺地区民族事务委员会编：《仡佬族古歌》，贵州民族出版社 1991 年版。

贵州省民族事务委员会、中国民间文艺研究会贵州分会编：《民间文学资料（第四十六集——水族双歌单歌集)》，中国民间文艺研究会贵州分会编印 1981 年版。

贵州省少数民族古籍整理出版规划小组办公室编：《苗族古歌》，贵州民族出版社 1993 年版。

郭沫若：《理想的翻译之我见》，《翻译论集》（修订本），罗新璋、陈应年编，商务印书馆 2009 年版。

郭齐勇:《中华优秀传统文化是社会主义核心价值观的土壤与基础》,《光明日报》2014 年 4 月 2 日第 13 版。

洪永固整理:《台湾岛上的青年石像——高山族民间故事》,福建人民出版社 1959 年版。

胡安江:《中国文学"走出去"之译者模式及翻译策略研究——以美国汉学家葛浩文为例》,《中国翻译》2010 年第 6 期。

胡适:《四十自述》,台湾远东图书公司 1974 年版。

湖南少数民族古籍办公室主编,彭勃、彭继宽整理译释:《摆手歌》,岳麓书社 1989 年版。

黄中习、陆勇、韩家权:《英译〈麽经布洛陀〉的策略选择》,《广西民族研究》2008 年第 4 期。

近代史资料编辑部:《近代史资料(总 92 号)》,中国社会科学出版社 1997 年版。

蓝怀昌等搜集翻译整理:《密洛陀(布努瑶创世史诗)》,中国民间文艺出版社 1998 年版。

李存娜:《翻译为学术提供巨人的肩膀——访清华大学历史系教授何兆武先生》,《中国社会科学报》2011 年 12 月 20 日第 5 版。

李济马著,悬吐详校:《东医寿世保元》,延边朝鲜族自治州卫生局影印 1964 年版。

李树江主编:《回族民间叙事诗集》,宁夏人民出版社 1988 年版。

李挺等整理:《畲族〈盘古歌〉》,《中南民族学院学报》1982 年第 2 期。

(五代)李珣原著,尚志钧辑校:《海药本草》,人民卫生出版社 1997 年版。

利玛窦、金尼阁:《利玛窦中国札记》,何高济、王遵仲、李申译,中华书局 1983 年版。

林语堂:《论翻译》,《翻译论集》(修订本),罗新璋、陈应年编,商务印书馆 2009 年版。

林璋整理:《布朗人之歌》,内部刊印 1999 年版。

刘发俊、朱玛拉依、尚锡静翻译整理:《玛纳斯 第一部》(下卷),新疆人民出版社 1991 年版。

刘辉豪整理：《牡帕密帕》，云南人民出版社 1979 年版。

刘怡、陈平编：《基诺族民间文学集成》，云南人民出版社 1989 年版。

卢玉兰、谭月亮传唱，蒋志雨、谭贻生等整理：《枫蛾歌》，《民族文学》
　　2009 年第 2 期。

鲁连坤讲述，富育光译注整理：《乌布西奔妈妈》，吉林人民出版社 2007
　　年版。

鲁迅：《鲁迅全集》第 4 卷，人民文学出版社 1981 年版。

罗世泽、时逢春收集：《木姐珠与斗安珠》，四川民族出版社 1983 年版。

马克勋：《保安族文学》，甘肃人民出版社 1994 年版。

马自祥：《东乡族文化形态与古籍文存》，甘肃人民出版社 2000 年版。

茅盾：《直译·顺译·歪译》，《翻译论集》（修订本），罗新璋、陈应年
　　编，商务印书馆 2009 年版。

茂县羌族文学社整理：《西羌古唱经》，阿新出内（2004）字第 29 号。

怒江傈僳族自治州文化局编：《创世纪、牧羊歌》，内部刊印 1980 年版。

钱玄同：《附志》，《新青年》1918 年第 4 卷第 2 号。

青海师范学院中文系等收集整理：《青海民族民间文学资料：土族文学专
　　集（二）》，中国民间文艺研究会青海分会编印 1979 年版。

［法］塞尔日·米歇尔、米歇尔·伯雷：《中国的非洲——中国正在征服
　　黑色大陆》，孙中旭、王迪译，中信出版社 2009 年版。

沙马打各、阿牛木支主编：《支格阿龙》，四川民族出版社 2008 年版。

苏润光等编：《京族民间故事选》，中国民间文艺出版社 1984 年版。

孙有康、李和弟搜集整理：《五指山传（黎族创世史诗）》，暨南大学出版
　　社 1990 年版。

孙致礼：《翻译应该尽量"求真"》，《中国翻译》2005 年第 2 期。

谭载喜：《西方翻译简史》，商务印书馆 1991 年版。

汪榕培、黄中习：《加强民族典籍的英译，弘扬民族优秀文化》，《广西民
　　族研究》2008 年第 4 期。

王宏印、崔晓霞：《论戴乃迭英译〈阿诗玛〉的可贵探索》，《西南民族大
　　学学报》（人文社会科学版）2011 年第 12 期。

王宏印、李宁：《民族典籍翻译的文化人类学解读》，《民族文学研究》
　　2007 年第 2 期。

王宏印、王治国：《集体记忆的千年传唱：藏蒙史诗〈格萨尔〉的翻译与
　　传播研究》，《中国翻译》2011 年第 2 期。

王建开：《葛浩文英译实践和经验对中国文学对外传播的启示》，《翻译研
　　究新思路——2012 年全国翻译高层研讨会论文集》，王宏主编，国防
　　工业出版社 2013 年版。

王士媛、马名超、白杉编：《鄂温克族民间故事选》，上海文艺出版社
　　1989 年版。

王栻：《严复集》，中华书局 1986 年版。

魏清光：《改革开放以来中国翻译活动的社会运行研究》，中国社会科学
　　出版社 2014 年版。

沃岭生主编：《少郎和岱夫》，民族出版社 2002 年版。

吴建民：《中国文化走出去要戒急功近利》，《新华日报》2010 年 10 月 26
　　日第 B7 版。

伍文义、韦兴儒、周国茂编：《布依族摩经文学》，贵州人民出版社 1997
　　年版。

西盟佤族自治县文联编：《司岗里》，云南人民出版社 2009 年版。

习近平：《联通引领发展　伙伴聚焦合作——在"加强互联互通伙伴关系"
　　东道主伙伴对话会上的讲话》，新华网：http://news.xinhuanet.com/
　　2014 - 11/08/c_ 127192119. htm。

萧家成译著：《勒包斋娃》，民族出版社 1992 年版。

邢力：《评阿瑟·韦利的蒙古族典籍〈蒙古秘史〉英译本》，《解放军外国
　　语学院学报》2010 年第 2 期。

邢力：《评奥侬的蒙古族典籍〈蒙古秘史〉英译本》，《民族翻译》2010
　　年第 1 期。

岩叠等整理：《召树屯》，云南人民出版社 2009 年版。

杨保愿翻译整理：《嘎茫莽道时嘉（侗族远祖歌）》，中国民间文艺出版社
　　1986 年版。

杨亮才、陶阳记录整理：《白族民歌集》，人民文学出版社 1959 年版。

杨世光整理：《黑白之战》，云南人民出版社 2009 年版。

攸延春：《怒族文学史》，云南民族出版社 2003 年版。

于乃昌：《珞巴族文学史》，西藏人民出版社、江苏教育出版社 2001 年版。

于乃昌整理：《门巴族民间文学资料》，西藏民族学院科研处编印 1979
　　年版。

余秋雨：《文化输出需要感性形象》，《人民日报》2006 年 10 月 16 日第
　　11 版。

余守斌：《中国图书版权输出策略初探》，《对外传播》2014 年第 2 期。

宇妥·元丹贡布：《四部医典》，李永年译，人民卫生出版社 1983 年版。

扎约、杨重整理：《扎弩扎别》，《山茶》1981 年第 1 期。

张国祚：《中国文化软实力研究报告（2010）》，社会科学文献出版社 2011
　　年版。

张妍编著：《中国十大创世神话》，河南人民出版社 1998 年版。

赵安贤等唱，兰克、杨智辉整理：《遮帕麻和遮米麻》，杨叶生译，云南
　　人民出版社 1983 年版。

赵腊林翻译，陈志鹏整理：《达古达楞格莱标》，《山茶》1981 年第 2 期。

杨学政整理：《"直呆木喃"创世纪》，《世界宗教研究》1983 年第 2 期。

中国歌谣集成云南卷编辑委员会：《中国歌谣集成：云南卷》（下），中国
　　ISBN 中心出版社 2003 年版。

中国民间文艺研究会黑龙江分会：《黑龙江民间文学第 17 集：鄂伦春民
　　间说唱、叙事歌专集之一》，内部刊印 1986 年版。

中国民间文艺研究会黑龙江分会：《黑龙江民间文学第 2 集：赫哲族民间
　　文学》，内部刊印 1981 年版。

中华人民共和国商务部、中华人民共和国国家统计局、国家外汇管理局：
　　《2012 年度中国对外直接投资统计公报》，中国统计出版社 2013 年版。

《中国少数民族古籍总目提要：塔吉克族卷》，中国大百科全书出版社
　　2011 年版。

《中国少数民族古籍总目提要：乌孜别克族、塔塔尔族、俄罗斯族卷》，

中国大百科全书出版社 2011 年版。

卓振英、李贵苍：《壮族典籍英译的新纪元》，《广西民族研究》2008 年第 4 期。

排行榜网站：http：//www. phbang. cn/general/143691. html。

财经网网站：http：//www. caijing. com. cn/2010 - 06 - 01/110450954. html。

国家版权局网站：http：//www. ncac. gov. cn/chinacopyright/channels/4386. html。

国家汉办网站：http：//www. hanban. edu. cn/confuciousinstitutes/node_ 10961. htm。

国家教育部网站：http：//www. moe. edu. cn/publicfiles/business/htmlfiles/moe/s245/list. html。

国家新闻出版广电总局网站：http：//www. gapp. gov. cn/govpublic/60. sht-ml。

中华人民共和国外交部网站：http：//www. fmprc. gov. cn/mfa_ chn/gjhdq_ 603914/gj_ 603916/yz_ 603918/1206_ 604354/sbgx_ 604358/。